豊田謙二 Kenji Toyota　　日本とドイツの試み

認知症の人と創るケアの世界

ナカニシヤ出版

　　　　　　　は　じ　め　に

認知症の人
　日本の各地域において認知症の研修が盛んになり，認知症の人への理解が深まったかな，と思うとそうでもないようである。研修では「認知症は怖い，治らない病気」，「ひどくなると，何もわからなくなる」と学ぶ。研修を受けた人は，認知症の人のサポートよりも，「認知症予防」に熱心になるとも言われている。もちろん，「学ぶ」とは個々人の少なくとも内面が変わることであろうが，かの認知症の研修は，個々人の学びの，その彼方へ視野を拡げていないように思える。ここではその当否を問題にしてはいないものの，認知症に関する研修の意義はどこにあるのか。あるいは「オレンジ・リング」運動はどちらを向いているのか，そういう問いには大きな意義がありそうである。
　さて，2004年10月京都において，「国際アルツハイマー病協会 第20回国際会議」が開催され，「社団法人 認知症の人と家族の会」は主催団体として，代表理事 高見国生が「開催あいさつ」を務めた。そのなかの句に注目したい。

　　　ぼけた人は何も分からない人ではなく，自分の症状に悩み苦しんでいることや家族に対するやさしさをもち続けていることも分かってきました。私たちは，「ぼけても心は生きている」という言葉でそのことを社会に訴えています。[1]

　「家族の会」が介護する家族への相談窓口であり，家族支援としてはほとんど唯一の社会的な支援活動であり，また啓発・政策提言などの当事者活動を展開していることも，周知のことに属するであろう。高見の発言で目を引くのは，場所や時間の認識が低下しても「心」は生きている，という点にある。それは好き嫌いであり，拒否あるいは納得であり，怒りあるいは喜びで

あり，そうした認知症の人の「感覚」へのまなざしであるかに思える。

高見はこうした「感覚」への気づきが「ケア」を変え得る，というのである。

認知症ケア

本書では，認知症介護ではなく，認知症ケアと表現している。そうした用語の概念と用法は極めて重要であり，どの用語を使用するかで文意が根本的に変化もするのである。その理由は，本書第3章において論じているのでここでは割愛するが，「介護」と「ケア」との概念的対比は重要な課題である。

さて，実践的な局面でいえば，介護現場の介護専門職にあっても，現場で認知症ケアについての研修を受けているはずなのになお，そのケアの実践への家族の不満や悲嘆は大きいのである。認知症の人にとって，さらにその家族にとってもケアの改善が望まれている，という現実を直視したい。そこに課題が始まるからである。ケアの現場で課題が発見され，そこに課題への検証・検討，さらに新たなケアへの試行が期待されるからである。

また，介護保険制度などの社会的支援に関しては，認知症の人からの課題提供を基本に据え，認知症の人の視点から，社会的支援や制度などを検証しようとしている。認知症の人の置かれている現実を知るためには，その現実を認知症の人自身に尋ねることが，課題の立て方としては最も自然と思えるからである。そのケアの現実を変えるのは難しいのだが，「ケア」が認知症の人と介護者とのあいだのことであり，言葉・所作・手助け・支えなどの用語で示されるようにお互いの「関わり」に属することだからであろう。

認知症ケアの継続性

認知症の「早期診断」が推奨されている。「もの忘れ」，さて認知症？ でも精神科医療の敷居は高い。歯医者に行くこととの差異は，「告知」による生活の一変にある。「アルツハイマーです」と言われるためだけの目的では，診察に足を向けないであろう。とはいえ，認知症の「告知」が不要というのではない。「告知」を早めたい，というのはどういう経緯なのだろうか。「告知」を早めたい，というのは認知症ケアを早めたい，ということでなければならない。

やや先走って言えば，「医療」の前にケア，「医療」の後にケアありが基本的な考え方であろうし，そのためには継続的なケアが不可欠である。これは私だけのアイデアというわけでない。厚生労働省が 2012 年 6 月に「今後の認知症施策の方向性について」という提言をまとめている。このなかで，以下のように「標準的な認知症ケアパス」が提唱されているのである。

　　これまでの「自宅―グループホーム―施設あるいは一般病院・精神科病院」というような不適切な「ケアの流れ」を変え，むしろ逆の流れとする標準的認知症ケアパス（状態に応じた適切なサービス提供のながれ）を構築することを，基本目標とするものである。[2]

　さて，その「標準的な認知症ケアパス」は現在どこまで構築されているのであろうか。その進捗に関わる評価は別として，そこに提議された意義は非常に大きいと思われる。あえて単純に言えば，精神病院への入院は短く，ケアを長く，中心に据えることである。換言すれば認知症の人へのケアの継続性が基本であり，医療的措置は可能な限り短縮されるべきなのである。

認知症の人とその「意思」

　認知症の人は自分の意思が不明瞭，どこでなにをしているのか，その自己認識に乏しいと言われている。認知症の人とはいっても，括り方が大きくしかも抽象的である。したがって，その括りは日本人はという程度に雑駁でしかない。「個人の意思尊重」という際に，その「個人」の「意思」の有無，あるいは所在が課題である。「意思」あるいは「自己」とは，その述語があって，つまりなにかをしたい，ということにおいて初めて主語が成立する。つまり，それは他者との関係を自己が社会的に築く過程において，社会的合意のもとに成立することであろう。

　本書の後半では，ケアにおいて，成年後見制度において，さらに看取りにおいて，認知症人の「意思」を課題にしている。その最も重要にして共通な認識は，「意思」「決定」を引き出すのは他者の責務であるという点についてである。そうした意思や決定において，「個人」あるいは「自己」を引き出すことが根本的な条件であり，さらに日常生活での会話・所作である。あえ

て,「意思」「決定」に関わる日本とドイツの相違についていえば,日本には「個人」あるいは「自己」を引き出す他者・自己関係の形成が未熟である,と推定しているのである。

日本とドイツの試み

　本書は,日本とドイツ共同での認知症の人の生活に関する調査研究に立脚している。具体的には,ドイツではデュッセルドルフ市を中心にプロテスタント系の福祉団体ディアコニーの協力を得て,また日本においては,福岡市で認知症の人への先駆的ケアを進める介護施設事業所,「宅老所よりあい」の協力を得て調査研究が進められた。

　そうした日本とドイツでの調査研究は,私個人としては1996年以来,共同研究としてはここ10年の経験を経ている。その調査研究の結果をもとに本書は執筆されている。そこで,1点だけ,その叙述の方法について理解を得たいと思う。従来,日本とドイツでの調査といえば,「国際比較」あるいは先駆的ドイツの「日本への寄与」が立論の趣旨となることが多い。本書では,認知症の人への関わりを共通課題として,日本およびドイツでのそのコンセプトや実践をそれぞれに対応させようとしている。ひとつの課題を,地球の表裏と地域は違えども,さらに東アジア文化とヨーロッパ文化との相違という土俵の上で,共同で取り組む,というスタンスを示すためである。「試み」と副題して,「比較」「学ぶ」を避けたのはそうした私意によるのである。

1) 『国際アルツハイマー病協会 第20回国際会議・京都・2004 報告書』社団法人呆け老人をかかえる家族の会,2005年,16頁。
2) 厚生労働省認知症施策検討プロジェクトチーム「今後の認知症施策の方向性について」2012年6月18日。www.mhw.go.jp/topics/kaigo/dementia/houkousei.

目　　次

はじめに　*i*

第1章　認知症の人はどこに住むのか …………… 3
1　はじめに　3
2　「在宅」で生活する認知症の人　4
3　精神科病院での認知症の人　7
4　住むことと社会的に生きること　13
5　認知症の人を支えるネットワーク　21
6　強いられる移住生活　26

第2章　認知症の人を巡る社会的支援と家族 …………… 32
1　はじめに　32
2　在宅・病院・施設　33
3　認知症と診断されてケアが求められる　38
4　家族ケア　42
5　「日本的なこと」「ドイツ的なこと」　45
6　人口構造の激変を予測しながら　50
7　認知症の人と社会的支援　54

第3章　認知症の若い人における就労と活動 …………… 60
1　問題の所在　60
2　認知症の告知　61
3　認知症状の多様性　65

4 認知症の若い人と社会的支援　68
  5 認知症の若い人へのネットワーク支援　72
  6 認知症の若い人と家族　73
  7 認知症の若い人と出かける場　75
  8 認知症の人とセルフヘルプ・グループ　79
  9 むすびに　88

第4章　認知症ケアと介護保険　93

  1 はじめに　93
  2 認知症ケアの強化と介護保険　95
  3 認知症ケアとしての介護保険　103
  4 介護保険サービスと介護事業所　112
  5 さあ，認知症ケアの転換へ　116
  6 ケアの世界へ　125

第5章　認知症の人と成年後見，あるいはドイツの世話制度　130

  1 はじめに　130
  2 日本での「成年後見制度」の活用事例　131
  3 成年後見制度の導入とその社会的背景　133
  4 ドイツでの「世話制度」の活用事例　145
  5 世話制度の理念と基本構造　148
  6 「後見」「世話」をめぐる抽象性と具体性　153

第6章　「死」の看取り，その看取りへの協働　158

  1 はじめに　158
  2 認知症の人はどこで死を迎えるのか　161
  3 看取り，あるいは「死」に添うこと　164

4　日本の看取り　171
5　ドイツでのホスピス　175
6　ホスピス・ボランティアと「リビング・ウィル」　182

*

むすびに　187
人名索引　189
事項索引　190

認知症の人と創るケアの世界
──日本とドイツの試み──

第1章
認知症の人はどこに住むのか

1　はじめに

　人類史は移住の歩みである。だが今日，「自宅に住み続けることが望ましい」，それが改策の基本であるかのようである。大雑把な話で恐縮であるが，今日の私たちの祖先はおよそ10万年前にアフリカに誕生し，北上し西あるいは東へと行路を取り，やがて日本列島にも到達したであろうが，弥生時代には定住が始まる。定住を促したのはお互いに支えあえる規模の集団や，主食となる水稲栽培であり，また安定的な収穫方式や食の保存技術の習得に負うであろう。

　だから，人類史をかえりみて言えば，「定住」は住環境の条件に依存しているのであり，ごく特別な「住む」形式なのである。人類史と大風呂敷を広げるまでもない。私たちは，今日も移住を続けていく過程のなかで死を迎えるのであり，いわゆる「移住」は文化的な例外でもなければ，「異常」でもないのである。

　ところで，認知症の人はどこに住んでいるのであろうか。その裏づけをとるには住民の移動を記録する「住民台帳」を踏査すればいい，という案が浮かぶ。ただ厄介なことは，「移動」と「台帳」とが整合性を保っているか，

という点である。つまり，多くの事例において「移住」が頻繁であるほど「住民票」の移動届けを避けるからである。自宅を離れた学生の多くは「住所」を移さないし，病院への入院ごとには「住所」を動かさないからである。

2 「在宅」で生活する認知症の人

　認知症の人はすぐ隣にいる。友人たちとの会話になかにおいて，しばしば話題となり，時には中心的な課題とさえなるのである。その意味では，認知症の人はそこにいる，というのは極めて現実的な感覚である。

　仕事に従事している人や，仕事とはいえないけれども社会的支援で活動している人は，少なくとも「自宅」という「在宅」での生活である。ところが，認知症の人の多くが在宅で生活していることは，意外に知られていない。理由のひとつに，認知症の人を支える人，たとえば家族がその現実を公にしたくないことがある。本章は「認知症の人はどこに住むのか」，と問いを立てたのだが，その出発点は「在宅」なのである。

(1) 在宅で世話する家族

　「在宅」の家族の様子を覗(のぞ)けるのは，民生委員あるいは専門職の保健師など極めて限られた人のなかでの職権のひとつであろう。そうだとすれば，認知症の人を支える家族の「語り」に注目することは，極めて有意義な方法である。以下，事例から進める。

認知症の姑の世話をした女性の事例[1]

1971年（昭和46年）	結婚して夫の母と同居
1976年	姑，軽い脳梗塞
1989年（平成元年）	姑，坐骨神経痛で整形外科に入院
1994年	姑，老人保健福祉施設に入所
1998年	姑，2度目の脳梗塞
	夜の徘徊が始まる
2000年	姑，介護老人保健施設（老健施設）入所
2002年	春，自宅での世話開始

		秋，3度目の脳梗塞，入院
2003年		自宅に戻る
		自宅での看取りを確認
2004年		姑，自宅で逝去（97歳）

　姑を自宅で介護した「年数」は15年である。見守りなどの24時間のケアに費やす時間，その15年は，人生80年としてもその5分の1強の重みがある。そのケアのあいだに，自宅・病院・施設の行き来が繰り返される。「移住」を促すのは，まずは上に示すような脳梗塞などの疾病による入院・治療である。その入院のあいだに，日常生活を忘れた高齢の体は急速に衰退する。それが以下のような「認知症状」なのである。

　姑の認知症状
　　睡眠：夕方に幻覚症状（人や文字が見える），昼夜逆転
　　言語：同じ話の繰り返し，「死にたい」という
　　自傷：杖で自分の足を打つ，介護者への乱暴も
　　排泄：強度の便秘，頻繁な尿意，摘便（てきべん）など

　上記のような徘徊や暴力性などの認知症状によって，自宅での介護者は「精神的にも肉体的にもかなりまいる」，という状態に引き込まれる。そのケアの重圧が「老人介護保健施設」への入所を強いることになる。一般的には，この段階で自宅復帰は難しいのであるが，この事例ではもう一度自宅に連れ帰り，自宅での看取りを実現している。その意味において，ケアから看取りへの極めて強い「生命倫理」をうかがわせる，ケアする家族の意思的な事例なのである。

(2)「住む」ことの原義を探る

　さて，先の事例が示すように，人間は自分の思うように生きられるわけではない。そのことは重々承知しながら，人は「在宅」生活の継続を望んでいるのである。なぜ人は「在宅」に固執するのであろうか。「在宅」と，「住む」ということの間について共通の理解を必要としているように思える。「移住」

ではなく，まずは，「在宅」での継続的生活を望む，その背景となる「在宅」志向への謎に迫りたい。以下，エドワード・レルフ『場所の現象学』からの一文である。

> 人間が必要とするのは土地の切れ端ではなくて，「場所」なのである。それは人間としてのびのび発展し，自分自身になるための背景なのだ。この意味での場所はお金で買うことはできない。それは長い時間をかけて人々の平凡な営みによってつくられなければならない。彼らの愛情によってスケールや意味が与えられなければならない。そしてそれが保護されなければならない。[2]

レルフは，A. ヘクシャーの文章を引いているのだが，その表現を手掛かりに，少し「在宅」における快適さについての，感覚的な・人間的な「住む」ことへのこだわりに迫ってみたい。

日本の住宅へのアプローチはまことに難しい。なぜなら，「住居」は「家」であり，そこには「建造物」とともに，「イヘ」という伝統的・行動的様式が含まれているからである。具体的に示すことが重要かと思われる。

今日，小都市な町村において「空き家」の増加がリスクと認識され，その「空き家」バンクを開設しても「空き家」は市場にのらないのである。「空き家」放置での特徴的なケースとして，一家の仏壇・神棚を処理できないからという理由もある。所有者にとっては「空き家」は単なる建物ではないからである。

さて，古代の用語法によれば，「イヘ」と「ヤ」とは区別されている。あえて単純化していえば，時代を経るとともに，「ヤ」は「イヘ」の用法に包み込まれて，その意味は「屋敷」「屋号」に縮小・限定されて伝えられている。つまり，「住む」の原意は「イヘ」に近づくのである。複雑である。まず，平安期では「イヘ」と「ヤ」の区別，やがて鎌倉時代に至ると「イヘ（家）」の概念が「ヤ」を包摂する。つまり，「イヘ」のなかに家屋や家族の意味を含ませるようになるのである。[3]

ここではその経緯の仔細にはこだわらない。重要なことは「イヘ」は「家」の上部概念のなかに座ったことである。「イヘ（家）」の定義を以下に，『岩

波古語辞典』[4]から引いておきたい。

> 家族の住むところ，家庭・家族・家柄・家系をいうのが原義。類義語「ヤ」（屋）は家の建物だけをいう。

「原義」のなかでとくに，「家族」「家柄」「家系」についての定義が興味深い。

> ②家族。家人。とくに妻。③家柄。家系。「高きいへに生れたまひて」（源氏）。④立派な家柄。⑤（学芸・武術などにすぐれた）家すじ。（以下，略）

「イヘ」は場としての「屋」でありながら，それ以上に「家族」「家系」などの歴史的連続性を継承するのである。私たち日本人には，その「思考様式」が日常的な儀式のなかで繰り返し確証され，肉体化されているのである。言わば，家族としての「イヘ」概念は日常規範として受けとめられ，他の家族との交流作法として生き続けている。たとえば，「──家の長男」「──家の嫁」，あるいは「──家と──家の挙式」「──家の墓」などである。

この項で語りたかったことは，日本において「住む」について考察しようとする時，「イヘ」という観念を無視できるものではなく，むしろその歴史的継承に向き合いつつ，「個人の意思」を引き出すことが重要な課題と思われる，ということである。先の事例に即して言えば，認知症の人の世話を家族だけで抱え込まないで，という助言が家族にほとんど届かないのは，「イヘ」の観念に知らず知らずに縛られてしまうためではないか，と思えるからである。

3　精神科病院での認知症の人

認知症を患い，職場を追われ自宅に引きこもり，世話をする家族はその「当事者」に付きっきりになる。インタビューや事例を検討してみると，多くのケースではその時点で家族での「認知症」の認識は薄い。「薄い」というのは，「当事者」の言動が少しいつも通りでない，仕事のミスが多い，話がか

み合わない，という程度では，「当事者」をめぐる人たちのなかではせいぜい「疲れ？」「うつ症？」などと自問されるだけだからである。

　間もなく，「当事者」の職場に通う意欲がそがれるか，あるいは家族に自主退職への働きかけが生まれる。「当事者」が家庭を司る主婦の場合には，とくに若き主婦にあっては子どもの養育と家事が一気に混乱に追い込まれる。「当事者」が精神科医師の診断と告知を経験すると，「認知症」に直面した動揺とともに，「休職」「退職」により家族の生活は荒波にのまれる。まもなく，自宅から精神科病院，退院して自宅，さらに精神科病院，あるいは老人ホームへの入所，そうして当事者の「移住」が始まる。終わりのない，つまり選択肢のない，なかば強制的な「住」探しを強いられるのである。

(1) 認知症の人と精神科病院

　2008（平成20）年調査によれば，精神科病院に入院している認知症の人は，約5万2000人，9年前の1.4倍である。2010（平成22）年厚労省の調査では，精神科病棟での認知症の人の平均在院日数は約944.3日。それに対して，精神科病棟での一般入院者の平均在院日数は約310日である[5]。

　認知症の人を世話している家族がよく口にする表現がある。

　　　夫は体も大きいし，健康でどこも悪いとこはないように見えるのですが，「物忘れ」がひどく，妻である私のことは誰かわからないのです。だからといって「うちの人は認知症なのです」，とは言えないのです。

　難しいのは排泄介助のために「障害者用トイレ」を使用する，その時，夫を「普通」の人と扱うのを止める，そうした経験を積み重ねているからである。それでも，「認知症」であるかないかはケアにとってだけでなく，生活の方針にとってはどうしても知り自覚しなければならない，「通り門」なのである。

　「認知症の人」と呼ばれるためには，まず「認知症」という「告知（truth telling）」が必要とされる。その関門が当事者にとっての，また家族にとっても通らざるを得ない苦悩の，しかもその先の見えない，だがそうするほかにない苦悶の通り路なのである。「認知症」の告知は，内科でも，外科でも

なく精神科の担当であること，その精神診療の歩みを少し概観しておく必要があるように思われる。

　日本の医療は明治維新以降，欧州の，第2次大戦後はアメリカの医療技術の導入を根幹としている。精神科医療の導入は現在の東大精神病学，その教授・呉秀三であった。彼はドイツに学んだ。彼が持ち帰ったのは，精神病の治療とその施設である「精神病院」構想である。

　1919（大正7）年に「精神病院法」が成立する。呉は1902年に「精神病者慈善救治会」の活動を開始し，また1919年には樫田五郎とともに『精神病者私宅監置の実況』を著わし，精神障害の人への支援のあり方を問うたのである。だが，呉が理念とする精神科病院の建設は進まず，「監護」と「保安」の政策が継続される結果を招くのである。

　　精神病院の実態は強制隔離収容所であり，保安のための施設でしかなかったのに，名前だけは「病院」と呼ばれたのである。[7]

　「精神病者」とは，どのように扱われてきたのか，その原点が明治期での欧州からの医学導入の経過にうかがえるのである。一般的な用語法では，今日では認知症，その前に遡れば「痴呆」，さらに遡れば平安期では「ほけ」と呼ばれていた。そうした用語の変遷を経ながら，認知症は「精神病」のなかに取り込まれていくのである。その過程を追いたい。

　1876（明治9）年に「精神病」の範囲について大きな影響を与えた翻訳書『精神病約説』が出版された。その書において「痴呆」が精神病に位置づけられるのである。『精神病約説』は，イギリス臨床学的精神医学のヘンリー・モーズレーの1867年の出版になるものである。[8]

　その精神病の分類に注目したい。「第二章分類を論ス」，として7つに分かたれている。

　　第一　癲狂（Mania）
　　第二　癖狂（Monomania）
　　第三　鬱憂（Melancholia）
　　第四　徳行狂（Moral Insanity）

第1章　認知症の人はどこに住むのか　　9

第五　失神又は健忘（Dementia）
　　第六　痴呆（Idiocy, including Imbecility）
　　第七　全身麻痺（Generel Paralysis Paresis）

　その第六において「痴呆」の漢語が充てられている「Idiocy」は今日では「idiot」とともに「白痴」と訳されている。現在では，「Dementia」のほうに「認知症」の訳語が充てられている。それはともかくとして，重要なことは，この時代から「痴呆症」は精神疾患に分類され，精神科医の治療下に置かれることになるのである。[9]
　また，いわゆる精神病には「癲」の漢語が充てられているが，唐の時代から使用され漢方医のなかで伝えられてきたものである。幕末，西欧を旅した福沢諭吉はこの「癲」を使い，いわゆる一般病院と区別すべき精神科病院を紹介している。

　　癲院は発狂せる者を養い治療する病院なり。患者一人毎に一室を与え，病症の軽きものは昼間，室より出し院内を歩行し，或は庭園に遊で花を採り，或は歌舞し鞠を玩び，或は絵を描く者あり，或は音楽する者あり。[10]

　明治期以降の精神医学の導入過程においては，精神障害のある人は「治療」の対象へと組み込まれ，かの精神科病院増設に伴いながら，「監護」と「保安」の政策は継承され続くのである。こうして，精神医学の対象とされた認知症の人においてもかの政策の枠内に留められるのである。精神科病院での認知症の人について考察するには，認知症の「精神科医療」を問うことが必要であると思われる。

(2) 自宅から精神科病院への入院
　精神科病院は「病院」である，ということは重要な押さえどころである。

　　病院は，傷病者が，科学的でかつ適正な診療を受けることができる便宜を与えることを主たる目的として組織され，かつ，運営されるものでなければならない。（「医療法」第１条の５）

つまり，「病院」とは「診療を受けることができる」場所である。さらに，精神科病院では「精神」に関わる「診療」を行なう。だが，その診療に関して，医学の進歩における基本的な特徴は細分化と効率化にあり，今日ますますその趨勢は強力である。人間の身体は細分化され，「精神」は「肉体」から引き放される。その診療の現状を柏木は突く。

> 痛みのメカニズムは複雑である。痛みの原因をただ身体的にのみ見ようとすると必ず痛みのコントロールに失敗する。医療スタッフは，病気をみるのではなく，病人をみなければならない。体の痛みだけをみるのではなくて，心の痛みや社会的な痛み，さらに霊的な痛みにも目を向ける必要がある。[11]

「病気をみるのではなく病人をみる」，本章の課題に引きつけて言えば，「認知症状ではなく，人をみよ」，と言わねばならない。その通りと思うのだが現場では容易でない。介護する家族での状況，その一端を紹介したいと思う。インタビュー[12]をしたのは，認知症の夫をケアする妻2人である。夫はいずれも在職中に認知症状を発症して，ひとりは現在精神科病院に入院中，ひとりは特別養護老人ホームに入所中である。

①精神科病院への入院
- 両家族ともに，職場において「おかしい」と気づかれ，退職後「アルツハイマー」の診断を得る。
- 「アルツハイマー」の告知のほかには，病院からの情報提供はない。
- 家庭では「徘徊」，デイサービスでは馴染めず，あるいは攻撃的な行動。
- 家庭での妻ひとりでの24時間の世話に限界。
- 病院では治療が投薬だけと聞き，では家庭でもできると思われたが，24時間の世話，と聞いて「お願いします」，と回答。

②病院から特別養護老人ホームへの入所

- 要介護4，入院4年を経て特別老人ホームへ入所，ここではひとりで入浴，食事は一緒に，病院とは違っている，もう少し早く入所させたかった。
- 病院では車いすにベルト，入所したくても施設のスタッフは「これでは介護に手間がかかり過ぎて入所できない」，重度になり動けなくなって入所とは。

③トイレ，あるいは排泄ケア
- 2人とも，病院ではナースセンターの横にベッドが置かれここに休む。トイレが病室から遠く間に合わないため。
- 排泄：尿意に気づかない，トイレの位置が記憶にない，ズボンを下ろせない，便器に座れない，トイレの内側のロックを外せず出られない。

④振り返りつつの悔しさ
- 働き盛りなのに，突然職場との関係が切断され，友人とも社会的関係が絶たれる。
- 「認知症」の告知後の相談機関がなく，「認知症の人と家族の会」を頼る。
- 身体的には障害があると見えないため，夫介助のために多目的トイレを利用するのにも気が引ける。
- 介護を担う家族は24時間離れられないが，介護者のための社会的支援が必要である。

　認知症の人は精神障害のある人と同様な偏見・差別の内に置かれている。同じ「精神科病棟」に入院しながら，精神障害のある人と認知症の人とは交流が閉ざされている。法制度による区別のままに，それぞれが当事者の会を設け，さらに，同じような課題を抱えながら，それぞれが別個に連携なしに活動を展開しているように思える。
　治療とはいっても，一般病院に比べて精神科病棟の職員体制は弱い。看護師一人に対して，前者が3名，後者が2名である。精神科では医師のカウンセリングに余裕がなく看護師による注射や投薬に任されている。

カウンセリングもないのであるから，大多数の患者たちは，まったく盲目的な状態のままで，放置されることになる。種々の療法を受けたり，注射をしたり，投薬を続けたりといったことが，看護師や看護人の手で行われるわけであるが，こういったいわば単なる対症療法は，決して根底から病気の根源を除去することにならないと思われる[13]。

既述のように，2008（平成20）年に，精神科病院に入院している認知症の人は，約5万2000人といわれる。精神障害のある人とともに，認知症の人がかくも多く入院を強いられている，その現状について厚生労働省が無策というわけではない。2012年「厚生労働省認知症施策プロジェクトチーム」は，現状を「不適切な「ケアの流れ」」と指摘しているのである[14]。その上で，「プロジェクトチーム」は「逆の流れとする標準的な認知症ケアパス（状態に応じた適切なサービス提供の流れ）を構築することを，基本目標とする」のである。

ただし，それは「基本目標」であり，今日その現状が変革されている論証は得られていないように思える[15]。

4　住むことと社会的に生きること

ドイツにしばらくでも住んでみると，日本との相違の深淵を見る思いで驚かされるのであるが，そのことは居住空間の広さという量的な相違を超えて，極めて根本的な文化的な質の隔たりを示しているように思える。もちろんここでは，認知症の人の「住む」，という課題に迫るのであるが，それでも，「住む」という根本的な問いがどうしても必要である。というのも，「住む」という生活の継続のなかにおいて認知症状が発現し，そして住み替えを余儀なくされつつ，どこかに「住」み続けるからである。

(1)　日本における認知症の人の住居
どこに住んでいるのか
さて，そこで認知症の人がどこに「住」んでいるのか，その概要を摑んで

図表 1-1　認知症高齢者の居場所別内訳（平成 22 年 9 月現在）

(単位：万人)

居宅	特定施設	グループホーム	介護老人福祉施設	介護老人保健施設等	医療機関	合計
140	10	14	41	36	38	280

(出所)　厚生労働省老健局高齢者支援課「説明資料」（2013 年 6 月）。

おきたい。**図表 1-1** は認知症の人の「住」について鳥瞰を提供してくれる。認知症の人の約半数が「居宅」，次いで「介護老人福祉施設」，「医療機関」，次いで「介護老人保健施設」の順である。ここで注目すべきことは，高齢者における「住」での「居宅」に比べると認知症の人の「居宅」割合は低い，という点についてである。

　ここでの課題は，高い割合の「介護老人福祉施設」「医療機関」，さらに「介護老人保健施設」において，その「住」を検証することである。つまり，「住」とは「住むこと」であり，その環境が整備されているはずのものである。そのうち，「介護福祉施設」と「介護保健施設」について，順に検討の対象としたい。

　「介護老人福祉施設」：介護保険制度の保険指定を受けているので，「介護老人福祉施設」と呼ばれているが，従来「特別養護老人ホーム」と呼び習わされてきた施設である。その特徴は経営の主体の多くが社会福祉法人であり，入居利用者は要介護度の高い，終日介護を要する状況にある。いわゆる「終のすみか」ともいわれ，在宅での事実上 24 時間介護の不可能な場合の最後の行き先となる。現在約 50 万人が生活し，全国に約 8000 か所設置されている。また，2013 年 10 月時点で，全国に約 52 万 2000 人の入居待機者がいる。

　「介護老人保健施設」：自宅と医療との「中間」の施設，つまり急性期の治療を終えて，自宅への復帰に向けたリハビリテーションを兼ねた生活施設（＝老人保健施設）である。認知症の人についても，2006 年から「リハビリ」が介護保険での介護報酬の対象とされている。認知症の人についての「リハビリ」については，ドイツにおいても，病院の例ではあるが「ペットセラピー」による初期認知症状の回復した事例が報告されていたが，なお試験的な段階であり，認知症に関しては「医療的リハ」よりも生活のなかでの「リハ」が

望ましいと思われる。

なお，図表1-1における3施設・機関では，いわゆる「生活施設」は介護福祉施設のみである。つまり，端的に言えば他の施設・機関は「住まい」ではない。医療機関は治療・療養施設であり，「介護保健施設」はリハビリ施設である。だが，ここをさすがに，「住居」とはせずに，「居場所」として公表しているのである。

認知症の人の住居

日本とドイツとの住居の相違，ということについての最初の論点は，日本の「家」とドイツでの「住居（Wohnung）」についてである。その違いは，すでに述べたように日本での「家」の意味は今日においてもなお伝統的「イエ」を継承し，単なる「家屋」の意味を超えるものであるということである。

そこで上記の了解のもとで，日本とドイツとの共通点の多い，いわゆる「老人ホーム」について，それでも根本的に異なる差異について検証してみたい。まず，日本においては「老人福祉法」，「社会福祉法」および「介護保険法」とがその変遷の枢要軸であり，その区別を軸にいわゆる「老人ホーム」の基本的性格を浮き彫りにしたい。

老人福祉法の施行

「特別養護老人ホーム」の法制度的な根拠は，1963年に成立した「老人福祉法」である。その法の目的（第1条）は以下のようである。

> この法律は，老人の福祉に関する原理を明らかにするとともに，老人に対し，その心身の健康の保持及び生活の安定のために必要な措置を講じ，もって老人の福祉を図ることを目的とする。

「特別養護老人ホーム」に関しては，2000年施行の「社会福祉法」にも関わり，その重大な要点は「措置」から「契約」への転換にある，と同時に「成年後見法」，および「社会福祉法」があわせて施行されるが，その意義が重要である。介護保険制度や成年後見制度など，認知症の人に関わる論点において検討が必要であるが，その点は後の章に譲るとして，ここでは「居住」

図表 1-2　地域密着型サービス

```
新しいサービス
  小規模多機能型居宅介護
  夜間対応型訪問介護（夜間ホームヘルプ・サービス）
小規模のサービス
  地域密着型介護福祉施設（定員 29 人以下のサテライト型特別養護老人ホーム）
  地域密着型特定施設入居者生活介護（定員 29 人以下の有料老人ホーム）
再編されたサービス
  認知症対応型共同生活介護（認知症高齢者グループホーム）
  認知症対応型通所介護（認知症デイサービス）
```

（出所）　小竹雅子『介護情報 Q&A』岩波書店，2009 年，52 頁。

に関連する課題に限って扱うことにしたい。

　さて，2006 年に介護保険法が改正される。その要諦は認知症ケアの強化，および地域包括ケアの拠点としての地域包括支援センターの設置である。もうひとつ，「地域密着型サービス」が登場，在宅・施設に次いで，「第三類型」のサービスとも表現されている（**図表 1-2**）。

「認知症対応型共同生活介護」（グループホーム）

　当該地域の人が認知症状を発症して，自宅でのケアが不可能である場合には，認知症ケアの可能な「場」でのケアが必要とされる。換言すれば，認知症ケアを特徴とし，介護保険給付ゆえに高齢者専用の生活の場である。定員は 9 名以内の小規模をユニット（単位）とする。その生活の場を「共同」とするのは，見える厨房で調理され，スタッフも一緒に食卓につき，団欒をともにすることにある。寝室は個室でありプライバシー空間である。私的な空間と公共的空間という 2 つの空間から構成されることは，従来の「老人ホーム」における多床型住環境への挑戦となったのである。

　スウェーデンで高齢者福祉を研究した外山義は，「住む」という視点からグループホームの意義を立証的に展開した。

　　ユニットケアにおいて，このように各生活単位に固定スタッフが張り付くようになったとき，入居者と職員の馴染みの関係が形成されやすくなり，職員と入居者の関係性も個別的，生活支援的なものへと変化

していく。[16)]

　もうひとつ，認知症ケアの強化という点では，小規模多機能型居宅介護も重要な意義を有するのである。その特徴点は，「小規模」「多機能」「地域密着」と言える。少し具体的に言えば，地域での関わり合いを継続しながら，認知症状があってもデイサービスへの参加を続けることで，利用者の少ないことによっても社会関係を形成しやすく，送迎，通い，時に泊(とまり)などのサービスを享受できるのである。これに，グループホームが併設されると，人のつながりを切ることなく宿泊，看取りへと支援の線を伸ばすことができるのである。[17)]

　2006年以降における認知症の人の「施設」での居住には，従来の「介護老人福祉施設」（＝「特別養護老人ホーム」）に加えて，グループホームと小規模多機能型居宅介護が登場した。だが，そのいずれもがその良質な居住環境において期待されながら，量的な確保に至ってはいない。その理由は，利用者側からは利用者コストの負担が大きいこと，提供者側からはスタッフの確保が難しいことにある。認知症ケアに関する能力が要求され，少人数でのケアによる介護負担，さらに夜間は一人スタッフというリスクの大きさなどによる。認知症の人にとっては依然として，「介護老人福祉施設」への入所が重要な選択肢なのである。だが，入所待機者が列をなしていて，緊急に利用できる状況ではない。自宅での世話が行き詰まり，「住まい」を探すことに認知症の人と家族はどう対処しているのか。いくつかの発言を引いてみたい。なお，括弧内は筆者の挿入である。[18)]

・介護者が認知症状で暴力を受けた時，緊急避難的に施設やシェルターを利用できる制度。（緊急時）
・「個室・ベッド」の施設が多いが4床の寝たきり部屋など費用のかからない施設の普及を。（自己負担の軽減）
・単身者が認知症になった時に入所できる施設が欲しい。子どもがいないと連帯保証人がなく利用できない。（一人暮らし）
・妻の介護を老夫がひとりで面倒見ているケースが非常に増えている。このようなケースを受け入れる施設を増やして。（介護老人福祉施設）

・（通常の施設では）認知症の理解がないため，認知症専門のデイサービスを増やしてほしい。（認知症ケア研修）
・気兼ねなく外出できる機会（つきそいをいつでも頼めるステーションとか施設）があるといい。（散歩支援）

　認知症の人と家族への支援はまだ緒についたばかり，なおさまざまな課題に直面している。だが，未来は暗いばかりではない。上記のなかですでに，ドイツでは実行されている項目もあるからである。その点についてはドイツの制度を取り上げる際にふれることにしたい。

(2) ドイツにおける高齢者用住居

　まず確認すべきことは，ドイツにおいては年齢・家族構成の変化に伴い「住み替え」が一般的であり，中古住宅市場も活発である，という現状についてである。つまり，パートナーでの，さらに子育てでの，子どもの独立での，そして老いの生活において，それぞれのステージに合わせた生活スタイルに合うような「住まい」が求められる。そもそも「中古」とはいっても，物置用の地下室を除いて，3DK，あるいは3LDKの間取りは普通なのであり，学生が借りる屋根裏部屋は例外としても，それでも居室だけで約8畳，それに台所・トイレ・浴室などは共用なので不都合はないのである。

　老いて「老人ホーム」への入居，という場合はひとりでの生活が不可能になり，あるいは経済的な理由が大方であるという。「老人ホーム」に入居しても長くても，2年ほどで退去となるので，ほんとうに終のすみかといえるであろう。その「老人ホーム」はホーム法によって設立・運営されている。

　さて「ホーム法（Heimgesetz）」であるが，その法的論拠により設置される「老人ホーム」の特性は日本人には極めてわかりにくいものである。国内の「老人ホーム」，北欧の「ナーシング・ホーム」とも異なり，しかも日本と同様に介護保険での介護給付の対象でありながら，日本の老人ホームからでは理解に至らないのである。

　そこで，「困難は分割せよ」と言うデカルトに従い，「老人ホーム」の現状，ついでその経緯，法の性格，の順に述べることにしたい。改めて確認すれば，ここでも認知症の人の入居しうる「老人ホーム」に限定して紹介したい。

図表1-3　高齢者ホームの三類型（1998年現在）

高齢者居住ホーム：日常生活の継続が自分自身によって維持できるので、「住」の確保での社会性の課題が「ホーム」入居の理由となる。
高齢者ホーム　起床・衣類の着服・食事・歩行等の介助は必要としないが、調理や入浴介助、あるいは歩行の見守りなどが必要な場合。
介護付き高齢者ホーム：食事・入浴・排泄等の介助が欠かせず、24時間の見守りや介助の体制が必要とされる場合である。

（出所）　拙著『質を保障する時代の公共性』ナカニシヤ出版、2004年、194-197頁。

　「老人ホーム」は、私的空間の「居室」と公共空間の「共用設備」によって構成される住居である。その利用者は、入所ではなく、「居住者」とされ、ホーム所有者との居室貸与に関する契約関係を締結する。住居としての貸借契約、という点で、日本の入所者との相違は極めて明白なのである。だから、ドイツでの老人ホーム入居者は、その日常が「自宅」からの継続なのである。したがって、ホームからの買い物、飲食、散歩、そうした外出は日常生活である限り自由なのである。つまり、「老人ホーム」は住居なのである。さらに言えば、その住居において、以下のように区別が生じる。

　老人ホームの基本的な類型を以下に示し、若干の説明を加えたい（**図表1-3**）。[19)]
　その高齢者ホームの分類は理解可能な範囲であり、とくにドイツ的と言えるものではない。ところがその「高齢者ホーム」を規定する、かの「ホーム法」および関連諸法が興味深いのである。まず「ホーム」の管理・運営全体を見渡す視座を得るために、関連法を視野に収めておきたい（**図表1-4**）。
　このホーム法の対象は高齢者用だけではなく、障害のある人のための施設をも含んでいる。上記に示されているように、ホーム法をめぐっては、その関連法が包囲していることに気づくのである。ここでは、日本にはないという点で極めてドイツ的な特徴点、その2点を指摘しておきたい。それは「老人ホーム」のあり方に関することなのである。
　まず、「居住者」について。

　　ホームでは、ホームの利用者は「居住者（Bewohnerin/r）」と呼ばれている。ホーム法は、「居住者」を特定の法によって保障する。つまり、ホーム法は、ホーム経営者とホーム居住者との間の契約締結を制御し、

図表 1-4　ホーム法と四つの規則

ホーム法：1974 年 8 月 7 日制定。以後，改正を続けている。その制定目的の主たるのは，居住者を権利侵害から守り，その自立性と自己責任を保障することにある。
ホーム協働規則：1976 年 7 月 19 日制定。ホームにおける「ホーム協議会」の設置に関して，協議会員の数や選出方法，協議会の運営方法などを規定する。
ホーム建築の最低基準規則：1978 年 1 月 27 日制定。居室，階段，エレベーター，床照明等に関する，いわゆるバリアフリー設計に関する規定が明示されている。
ホーム経営者責務規則：経営者の責務，責務遵守の監査などに関することが定められている。
ホーム職員職務規則：施設長，施設職員，世話をする人などの適性や専門的能力，そして能力開発や再研修などについて定める。

（出所）　拙著，前掲書，190-191 頁。

そこに経営による個別的な給付が記述されねばならない[20]。

　もう一点ここで，「ホーム法」制定にからんで，その性格について少し注釈をしておきたい。そのことは 1970 年代における「ホーム法」は民法典なのか，社会法典なのか，という論争をかえりみながら，その問いに応えることでもある。基本的な課題は，民間営利あるいは民間非営利，および公的な施設への規制，さらに施設利用者の権利擁護をどのような法制度において保障するのか，という点に尽きるのである[21]。

　結論は，民法典で規定する契約関係において居住者の権利を保障する，ということである。契約の自由はドイツにおいては，「私的自治」とも称され，基本法第 2 条 1 項における「人格の自由な発展の権利」を具体化するものである。つまり，「ホーム」における生活の質を保障するものは，そこに居住する人の「自治」にある，という点にある。ここで，「自治」に対置されているのは，「依存」である。つまり，「ホーム」での生活が介護・支援・保護への依存を強化することへの，強い危惧がそこにある。そうした危惧に対して，「契約」を基にさらに「ホーム協働規則」が 1976 年に制定されたのである。

　あらためて問わなければならない。「住まう」ということについてである。認知症の人であれ，そうでない人であれ，その根本的な問いは共通である。

　さて，その規則はホームにおいて「ホーム協議会」の設置を義務づけている。そのホーム協議会はホーム経営者代表と居住者代表との協議の場であり，その議題は「ホーム契約」「事故の防止」「ホーム利用料金」など重要項目に

ついてである。かえりみて，日本の老人ホームにおいて経営者と利用者とが重要事項について協議の場を持つことがあるだろうか。ドイツのホームでは生活の質を確保するために，居住者自らが居住環境に関心を持ち続けることを促すべきとし，経営者と協議することを保障するのである。ついでながら，ホーム協議会に出席する協議会委員の数は規則に定められ，選挙によって選出される。もちろん，認知症の人が多数居住するホームにおいても，この規則は妥当する。認知症の居住者には選挙権があるが，さて協議委員の被選挙権が難題となる。そこで，被選挙権をホーム外へ拡大し，その数を特定することで，「ホーム協議会」の機能を維持する改革も進行している。

5　認知症の人を支えるネットワーク

「住居」をめぐる認知症の人の追跡は極めて難しい。日本において予測できることは，認知症状が重くなれば「自宅」での生活の継続は極めて難しい，という事実である。その数値を推測することは難しく，地域の「認知症コールセンター」での情報を頼りにするほかはないのである。

自宅での生活を続けたい，という場合にはまず介護家族への負担は極めて大きいことが，すでに多くの調査結果によって示されている[22]。したがって，緊急かつ現実的な課題は認知症の人はもちろんのこと，その家族への支援・援助は不可欠なのである。その試みは「地域ネットワーク」と呼ばれている。

以下に，日本の熊本県菊池市，およびドイツのデュッセルドルフ市の事例を取り上げ，その特徴点について検討してみたい。

(1) 認知症地域見守りネットワーク
熊本県菊池市，県北部に位置する。
人口：約5万1173人（2012年現在）
高齢化率：27.5％（高齢者65歳以上比率）

活動の推進母体となるのは，「菊池市認知症施策総合検討委員会」である。この「委員会」は11名より構成され，その出身母体は多様である。たとえば，医師会・小中学校長・社会福祉協議会・それに認知症の家族などである。

図表 1-5　認知症地域見守りネットワーク（菊池市）

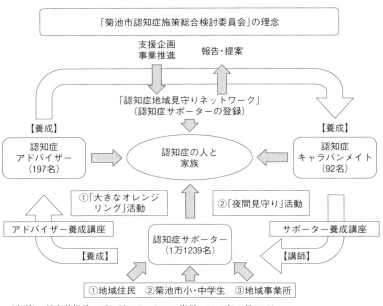

（出所）　松永美根子，プレゼンテーション資料，2015 年 2 月 11 日。

　まず，この点に菊池市での取り組みの特徴がうかがえる。その成果は早速，小中学校での「認知症サポーター養成講座」の開催に結びつく。

　この「委員会」の協議を支え，その提案をコーディネートしているのは，菊池市地域包括支援センターである。ここに，認知症の人支援の課題を持ち込んだのは脳外科医師であり，2006 年のこと。その後，2009 年から熊本県モデル事業を受け，さらに「委員会」のもとで，「認知症地域見守りネットワーク」が起こされるのである。

　菊池市のこの「ネットワーク」の最大の魅力は，認知症「サポーター」・「アドバイザー」・「キャラバンメイト」などの養成を，「地域見守り」の活動に結びつけたことにある。その点を**図表 1-5** に即して言えば，「サポーター」は①見守り協力者，②夜間見守り活動者として活動する。また，「サポーター」は養成を受けて「アドバイザー」に，さらに養成を受けて「キャラバンメイト」を得る。その「キャラバンメイト」は「サポーター」養成の講師として

活動する。

　認知症「サポーター」の養成は全国的に展開しているものの,「養成」をもって終わり,それが一般的傾向である。**図表 1-5** に示されているように,養成の目的やその活動内容を示すことが,養成を受ける市民の動機づけにおいて重要と思われる。その活動のひとつが「大きなオレンジ活動」である。認知症サポーター養成講座を修了すると,腕輪としての「オレンジリング」が提供される。その大型版の「大きなオレンジリング」を提供するとともに,「見守り」に協力する事業者や店舗ではその「大きなオレンジリング」を店頭の見えやすい個所にかけてもらう,という取り組みである。

　また,「夜間見守り活動」はまさに「活動」が主目的である。認知症の人が夜間に「行方不明」になることが発生している。その夜間徘徊を見守る必要性から出発している。まず,「委員会」メンバーは,夜間の時間帯それぞれにおいて「見守り」協力者探しの調査を実施する。夜間は多くの人が休んでいて,見守りには不適当。夜間に起きていて,協力可能な人探しなのである。その結果,「コンビニ」「ファストフード」「ウォーキングする人」,あるいは「新聞配達店」などが候補として浮上。そこで,これも「大きなオレンジリング」を掲げる店舗による認知症の人への支援なのである。

(2) 認知症ネット　デュッセルドルフ
　ノルトライン・ヴェストファレン州のデュッセルドルフ市（州都），州の北西部に位置する。
　人口：約 58 万 5000 人（2012 年現在）
　高齢化率：24.9%（高齢者 60 歳以上比率）

　ドイツ北部の商工業都市,デュッセルドルフ市において認知症の人を支える興味深い活動が展開されている。その名称は,「認知症ネット　デュッセルドルフ（Demenznetz Düsseldorf）」である。この「認知症ネット」は,2004 年からの国家プロジェクトとしての連邦の補助事業であり,ドイツ国内でも認知症の人の取り組みとしては先取的な事業である。

　まず,その社会的背景についてである。デュッセルドルフ市はノルトライン・ヴェストファレン州の州都であり,2010 年の住民統計によれば,60 歳

以上14万5000人の人口を抱えている。認知症の人は，およそ1万2000人から1万5000人と推定されている。認知症の人の増加は，日本と同様にドイツにおいても重要な課題であり，ケアのありかたを含めて多くの課題が山積している。

　この「認知症ネット」は，その最も重要な課題，自宅で認知症の人でもできるだけ長く生活を続けたい，その社会的支援に絞り込んだプロジェクト事業である。**図表1-6**は，「認知症ネット」の事業概要を示している。そのネットワークを構成する4団体がその図の中心部に示されている。その下部には事業内容が，3つの団体ごとに区別されて記載されている。

　掲示順に左から右へ，かの4団体の概要を伝えたいと思う。

　①**大学病院・老年精神科**：デュッセルドルフ大学病院であり，運営主体は州立である。この「認知症ネット」の企画・実践には，かの部局のヘフト（Barbar Höft）医師の尽力が多大である。在宅支援のプロジェクトのためにはこうした精神科医の協働が欠かせないのである。

　②**福祉団体**：ドイツにおける社会福祉の実践・政策において，この団体を抜きにしては語れない。いわゆる，「公益的6福祉団体」のことである。仔細は，第3章に譲りたいが，この「認知症ネット」におけるソーシャルワーカーの役割は，在宅訪問とその後のサポートへのコーディネートを主務とする。

　③**認知症・サービスセンター**：この「センター」はヴェストファレン州の州都デュッセルドルフ市役所に置かれた部署である。この「センター」は，社会保障・統合局，その「高齢者・障害者および要介護者部」のなかに所属する。

　④**アルツハイマー協会**：いわゆる，認知症の当事者の会である。国際的なネットワークがあり，ドイツにもそれぞれの地域において個別的に組織化が進んでいる。ただし，本部−支部という関係でないことに注目したい。まず注目すべき点は，ソーシャルワーカーと精神科医師との協働である。その事例として，また「認知症ネット」の主たる事業として，以下に紹介したい。日本では希有だからこそ，ここに取り上げたいのである。**図表1-6**に示すようにその事業は多彩であるが，ここでは2つの事業部門のみを紹介する。

　「**ベアーテ（BEAtE）**」：「ベアーテ」はもちろん略称。正確に言えば，「支

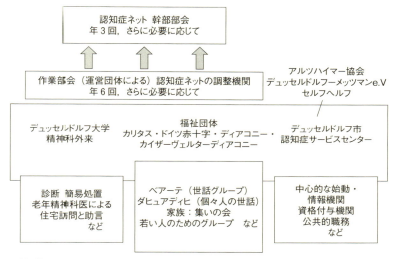

図表1-6　認知症ネット　デュッセルドルフ

（出所）　B. ヘフト，プレゼンテーション資料（ドイツ語）より作成，2015年3月。

え手を交叉させるものとしての介護親族の負担軽減を目指す世話グループ」，である。ここでのキーワードは，「世話グループ（Betreuungsgruppen）」である。この語は合成語であり，「世話」と「グループ」からなる。介護保険制度の介護は，「Pflege」であり，英語の「care」に近い。ただし，認知症の人への見守り・介助には「世話（Betreuung）」が使われている。また，後の章で論じる「世話法（Bereuungsrecht）」にとっても重要な用語なのである。

　さて，「ベアーテ」の事業内容である。具体的には，集いとしての「カフェ」の開設である。ここでこの事業の特徴が打ち出されている。つまり，ボランティアと専門職（ソーシャルワーカー）との協働方式である。この事業，2004年以来の本「プロジェクト」の成果である。利用者定員9名，週1回3時間，手作りケーキに飲み物にゲームなどを提供する。ただし有料で1回に20ユーロ。この20ユーロは介護保険からの，認知症などの人への「世話手当」で賄える。すでに，2012年現在市内22か所で開設されている。

　改めて，その開設の意義を問いたい。在宅で生活する認知症の人へのアク

セスの一歩である。「在宅」はプライヴァシーの領域，いわば闇である。外出の機会を提供するには，極めて魅力的なイベントを立ち上げねばならない。もちろん，「カフェ」はその一事業にすぎない。その魅力をあらためて確認すれば，その「カフェ」がソーシャルワーカーによる運営であり，常に認知症の人への支援の出発点でありうる点である。

「**ゲルハルト（GerHaRD）**」：その正確な名称は，「Gerontopsychiatrische Hausbesuche und Rat in Düessldorf」である。日本語にすれば，「デュッセルドルフ市における老年精神学的在宅訪問と助言」，である。デュッセルドルフ大学精神科医の「在宅訪問（Hausbesuch）」が非常に刺激的である。相談を待つことではなく，真に支援を必要とする人への在宅への「訪問」によって，「自宅に引きこもり」という，そのハードルを越えるのである。もちろん，その「訪問」で得たニーズはその家庭医に報告されるのである。

「認知症ネット」において「家庭医（Hausarzt）」は，極めて重要な役割を演じている。それは，当然ながら医療サービスを要する当事者について包括的なケアが必要である場合においても，医療の役割を演ずるのである。というのも，日本において地域での「包括ケア」の推進に「医療」の欠けることがしばしばなのだから。

ドイツでの家庭医が極めて優れているのは，家庭医がそうした家庭医登録者の「移住」を追って医療サービスを提供しうることである。自宅から老人ホームに移れば医師は往診するし，手術といえば手術室に付き添うこともある，また看取りの際には「死亡診断書」の準備がチームアプローチとして進められるのである。

その「家庭医」は，開業医資格を有しさらに保険医であり，その内の「専門医」でない医師のことである。その内訳は，小児科医・内科医・実務医である。保険医数を定めるのは医療保障構造法であるが，1992年には「定年制」を導入し診療報酬の抑制に応じた。また，医師の開業規制もこの法によるが，家庭医についてはなお「医師不足」とされる。[23]

6　強いられる移住生活

いわゆる「定住生活」が揺らいでいる。その傾向を察するのは比較的容易

である。身近な「空き家」の増加を数えてみればいい。そこに住んでいた人は，病院，施設，あるいはあの世の「住まい」に移っていったのである。つまり，住み続けることの終わりが，看取りに先立って現われている。

(1) ケアから住まい

「定住生活」の定番は，「住まい」から「ケア」である。住むことは多く他者との愛着という関係づくり（＝ケア）なのであるから，「住まう」ことはその内に「ケア」を含んでいる。つまり，「住まう」の内には，生きるという生命的で，根源的な欠かすことのできない，おのずから生じる協働性が生み出される。その協働性の過程における人と人とのケアとして，労働において，食卓において，あるいは突発の病気・事故において，お互いに支えあうのである。それが包括的な「ケア」である。

だが今日，一人暮らしが，あるいは高齢者2人暮らしが増加している。後者は間もなく一人暮らしに移行するであろう。あるいは，認知症の人の増加も今日の「住まう」ことから「ケア」へ，という図式に挑戦している。新しい図式は，「ケア」から「住まい」へと表現される。つまり，先に「ケア」が始まる，あるいは「ケア」が予想されつつ住を組み立てる方法である。以下，認知症の人のケースを事例としよう。

常に，認知症状が課題なのである。脳の診断における脳細胞の死の問題ではない。「ケア」の延長，人と人との「ケア」の関わり，ここに認知症状を改善する鍵がある。お互いに「ケア」を了承しつつ，「住まう」を共有するのである。その方法を，「ケア」から「住まい」へ，と表現したい。つまり，「住からケアへ」，から「ケアから住へ」，という方法論的転換の動向とともに，その必要性を伝えたいからである。

こうした移住とそれを支えるのが新しい時代の自主的精神であり，ネットワークである。定住時代の「コミュニティ」ではなく，自由意思の参加である「ネットワーク」が新しい局面を開拓できる。「コミュニティ」が面であるとすれば，「ネットワーク」は線である。線のか細さに不安があるものの，ネットワークをつなぐ個々人の意思がその不安を払拭できる。この難局を私が変える，という「個人の意思」なのだから。

(2) ケア付き住居の「シェアハウス」

「ケア」から「住まい」へ。それに関して、ドイツにおける動向を紹介しながら、改めて少し具体的な試みを紹介したい。

「住み替え」を基本とするドイツでの「住まい」の環境づくりについて、まず「共同住居（Hausgemeinschaft）」という先例がある。先例と言ったのは、すでにこれまで、学生が共同という形式で生活しながら個々人の生活の質を向上させた歴史があるからである。改めて、「共同住居」が認知症の人にとって住まいの「質」である、ということが認められたのである。その「共同住居」のコンセプトについて一瞥してみたい。

ドイツ語での「Gemeinschaft」は共同で、あるいは一緒にという意味を持ち、とくに日常生活レベルでの共同的人間関係のありかたを指している。ここで取り上げるのは、カトリック教系の「カリタス共同住居　聖ベネディクト」と呼ばれる老人ホームである。「共同住居」というよりも、「シェアハウス」と呼ぶほうが実態を思い浮かべやすい、と思われる。2006年に立ち上げられて、デュッセルドルフ市内ではこの種の老人ホームでは唯一の施設と言われる。過去に、私は「ハウス・リンデンホフ」という認知症専用の小規模施設を訪問したことがあるが、認知症専用、ということ自体がドイツでは珍しいのである。

さて、この施設はカトリック教系の「カリタス」という非営利福祉事業団体の設立になるものである。以下に、基本コンセプトを掲げてみたい。

　　入居者：認知症の診断を得て、共同生活が可能なこと
　　定員：60人
　　スタッフ：12名（介護6名、家事6名）

具体的には、1ユニット（単位）が10名の入居者に対して介護者が2名。この施設では、1階に2ユニットずつ、3階まで構成されている。それぞれのユニットごとに小さな台所があり、ここでスタッフと居住者とが一緒に調理し、一緒に食事をとる。事務机もこの共用スペースに置かれている。10名という小規模での共同生活の基本のもとに、それぞれが自分の「居室」を持ち自分の家具を持ち込んでいる。私的スペースと共用スペースとの組み合

わせによって，認知症の人個々人へのケアを改善することが目指されている[24]。

　この施設をカリタスとともに立ち上げたソーシャルワーカーは，インタビューにおいて，この施設のコンセプトの見直しを語っている。とくに，スタッフの数とそのケアの質に関してのものである。小規模とはいえ，認知症の人の症状に一人ひとり異なり，しかも確実に重度化する傾向にある。スタッフの研修は立ち上げ後から始まったことも，準備不足の一因である。

　「共同性」を基に生活を組み立てるのは，お互いのケアを始点とする住環境の整備であり，その方向性の基本は首肯できるのである。ただし，居住者のできない点を補完すべき「スタッフ」などの人的要員の確保は大きな課題であろう。居住者の家族，あるいは隣接地のボランティアの活動が不可欠であるように思える。職業的な「スタッフ」の増員は人件費を押し上げ，そうでなくても高額な「共同住宅」方式を高嶺の花に化すことが危惧されるからである。

　認知症の人は，すべて変わるもののなかに生きている。したいことができない，したいことを忘れる，そして混乱する。自宅から精神科病院へ連れていかれ，そしてこの見慣れぬ光景・部屋はどこなのか思い出せず，混乱が増す。傷だらけで車いすにのせられ，次は老人ホーム，ここでも見慣れないものに囲まれる。時々，寝ている時の夢か，夫と畑の小道を歩いている。あの故郷に戻りたい，でも両脇を抱えられ，部屋に連れ戻される。

　ハンナ・アレントはユダヤ系ドイツ市民であり，1933年ドイツからパリに亡命，1941年パリからアメリカへ移住した。彼女の博士学位論文は「アウグスティヌスにおける愛の概念」である。アウグスティヌスはキリスト教を通じてヨーロッパの心を形成した思想家と言われる。彼は変わりうるものの世界のなかで，変わらぬものとしての「神」を発見する。その研究を出発点として，アレントの「変わらぬもの」の探究が始まる。

> ヘラクレイトスは，人間は二度と同じ流れの中に入ることはできないといったし，人間の方も絶えず変化する。それにもかかわらず，事実をいえば，人間は，同じ椅子，同じテーブルに結びつけられているのであって，それによって，その人間の同一性，すなわちそのアイデンティティを取り戻すことができるのである[25]。

第1章　認知症の人はどこに住むのか　　29

今日も，認知症の人は「変わる世界」のなかをさまよい，歩き続ける。自宅・病院・老人ホーム，移住のなかで「変わらぬもの」を探し続ける。明日もまた，「暴力」という声を後ろで感じつつ，「変わらぬもの」，それは故郷なのか浄土なのか，それとも「Our Love Is Here to Stay（この愛は永遠）」の愛なのか，何かを求めて，使命かのように歩くことを止めない。

1）　以下の事例は，2008年，熊本県J町での認知症に関する研修資料による。
2）　エドワード・レルフ『場所の現象学』高野・阿部・石山訳，筑摩書房，1999年，185－186頁。
3）　大野晋・佐竹昭広・前田金五郎編『岩波 古語辞典』補訂版，岩波書店，2011年，「イヘ」「ヤ」の事項による。
4）　同上，133頁。
5）　織田淳太郎『精神医療に葬られた人びと』光文社，2011年，21頁。
6）　小林司『精神医療と現代』日本放送出版協会，1972年，38－51頁。
7）　同上，49頁。
8）　ヘンリー・モーズレイ『精神病約説』神戸文哉訳，明治9年刊，社会福祉法人新樹会，1973年復刻，100－106頁。
9）　新村拓『痴呆老人の歴史』法政大学出版局，2002年，98－107頁を参照。
10）　福澤諭吉『西洋事情』慶応義塾大学出版会，2009年，46頁。
11）　柏木哲夫『生と死を支える』朝日新聞社，1987年，12－13頁。
12）　A市の認知症コールセンター内において私が同時に2名にうかがった。2015年5月30日。
13）　松本昭夫『精神病棟の二十年』新潮社，2001年，80－81頁。
14）　厚生労働省認知症施策検討プロジェクトチーム「今後の認知症施策の方向性」2012年6月18日，5頁。
15）　同上，3頁。
16）　外山義『自宅でない在宅』医学書院，2003年，80頁。
17）　ソーシャルワークに注目，高橋誠一「小規模多機能ホームとは何か」小規模多機能ホーム研究会編『小規模多機能ホームとは何か』筒井書房，2003年，10－19頁。
18）　公益社団法人認知症の人と家族の会『認知症の人と家族の暮らしに関するアンケート調査及び国民の認知症と介護に関する意識調査，報告書』2011年，62－63頁，一部削除あり。
19）　藤井俊二「西ドイツにおける有料老人ホーム利用契約」（『ジュリスト』No. 949,

1990 年）も参照されたい。
20) 家族・老人・女性・成年のための連邦省「ホームを検索する」2009 年，S. 57。
21) 拙著『質を保障する時代の公共性』ナカニシヤ出版，2004 年，193 – 199 頁，参照。
22) たとえば『認知症の人と家族の暮らしに関するアンケート調査及び国民の認知症と介護に関する意識調査』前掲，13 – 18 頁。
23) 詳細は，戸田典子「ドイツの医療費抑制施策——保険医中心に」(『レファレンス』2008 年 11 月) 32 – 37 頁。
24) Caritasverband Düsseldorf, "Caritas Hausgemeinschaften St. Benediktus in Düsseldorf-Loerick," 2006 に詳しい。なお，当該施設へのインタビューは 2011 年 8 月 23 日，インタビューイは，パトリック・シュミット氏である。
25) ハンナ・アレント『人間の条件』志水速雄訳，筑摩書房，1994 年，225 頁。

第2章
認知症の人を巡る社会的支援と家族

1 はじめに

> ウチのなかのことですから，自分たちでしないといけないことを，他人の人によろしくとは言えない[1]

　上記の言葉は，徘徊を繰り返す母を世話する娘が，徘徊する母を見つけたら連絡して欲しい，という願いの文書を，認知症介護施設のスタッフとともに，近隣の商店に配布する際の言葉である。周知のように，「徘徊」は記憶障害とともに認知症状のひとつであり，いわゆる「行動障害」に属するものである。
　実は，上記事例は，「宅老所よりあい」(以下「よりあい」[2])に通う小林さん(仮称)を支えるケアの一環なのである。「よりあい」は，お年寄りの「徘徊」を止めず，そのお年寄りに添うことで，「散歩」に転回させる実践を続けている。
　上記の語りのなかで，娘が家族のことを「ウチ」と表現している点に注目したい。「ウチ」の用語法は私たち日本人であれば異なことではなく，むし

ろ私たちの共通感覚に属することである。その「ウチ」は「ソト」に対応している。[3] 上記の表現を少し丁寧に言うと以下のようになる。「ウチ」のことは，つまり，認知症の母のケアは「ウチ」（＝内輪）だけのことだから，自分たち家族の責務である。そのことを「ソト」の人に手伝って下さい，とはとても言えない。

　なぜ，娘に「ウチ」がケアの責務を負う，と発言したのであろうか。また，「ウチ」とか「ソト」という表現は，日本人にとっては何を意味しているのか。その「ウチ」「ソト」という日常的意識のなかに，私は日本の「家」が人をつないできた伝統的規範を読み取りたいのである。なぜなら，日本での在宅ケアは，家族という人のみではなく，「家」という観念に深く関わると思えるからである。本章は，認知症の人の在宅ケアを中心的課題としているのだが，「家族」，あるいはここに言う「家」についても，ケアに関わる限りにおいて検討の対象としなければならない。

2　在宅・病院・施設

　認知症か否かは医師の診断に負う。現在は，「早期診断」がお勧めの時代である。その理由は認知症の投薬による早期治療である。治療で認知症は治癒できないが，症状によっては進行を緩やかにできると言われている。重要なことは，認知症という診断書がなければ，たとえば，認知症の若年者では障害年金や介護保険給付，あるいは障害者自立法などの社会サービスを受給できない。

　認知症の症状は進行する。その症状についての知識や認知症ケアについての学習は，認知症当事者の行動障害への理解を深めることができる。その点において，ケアを受ける認知症の人にとっては望ましいことである。しかも，認知症にあっては，当事者の死を看取るまでのケア期間が，およそ 10-15 年と長い。したがって，長期にわたるこうした認知症ケアに対してどのような支援が望ましいのか。この課題は，高齢化に備えて 1995 年に介護保険制度を導入したドイツにおいても同様に，緊迫した状況にある。

　認知症は，アルツハイマー病や脳血管障害などの原因疾患によって引き起こされる行動障害である。症状の表われ方は原因疾患の如何に関わるととも

に，また基本的には，認知症ケアの質に依存することが知られている。したがって，だれがケアの担い手なのか，どのような質のケアを提供できるのか，それが認知症の当事者にとっても，またケアの当事者にとっても極めて重要なことである。

認知症と診断されたときに，唐突に，その当事者へのケアが始まるわけではない。ケアは人間関係のなかの過程として認識しなければならない。そのことはケアの用語法を了解すると理解できる。英語の「ケア（care）」，そのドイツ語訳では「プレーゲ（Pflege）」というが，それぞれの用語の意味は近く，その範囲は極めて広い。たとえば，身体のケア・髪のケア・肌のケア・子どものケア・老人のケア・動植物のケア，さらに庭のケアや学術・研究ケアといった用例もある。他者へのケアとともに，他者からのケアも日常的な作法である。

では認知症高齢者は，どこでケアされているのか。まずその点から確認しておきたい。在宅でケアしているのは，わが国では66.8％（2003年），ドイツでは68.8％（2004年）である。その数値は，日本では，厚生労働省老健局の推定，ドイツでは介護保険受給者の在宅ケア比率に基づいている。なお，ドイツでは介護保険制度の導入以来，在宅ケアの優先を掲げているが，それでも高齢者一般においてなお施設ケアが増加している。そのため，在宅ケアへと認知症の人を誘導する，そうした新たな介護保障政策が模索され，「2008年介護改革」において在宅認知症ケアの強化が図られている。

さて，以下では現在の認知症高齢者がどのような社会サービスの環境のもとで生活しているかを，統計情報をもとに整理してみたい。認知症の人の多くはこの「高齢者」に含まれるのであり，総体的な理解を得るためにまずその概要を得たい。

(1) 病　　院

身体の衰えが顕著となる加齢の進行のなかで，高齢者と医療サービスは切っても切れない関係となる。日本の高齢者の医療サービス依存については，「社会的入院」という表現によって示されるような，医療依存の傾向が議論されているところである。以下では，医療サービスに関して日本・ドイツの高齢者の依存状況を検討してみたい。

図表 2-1 高齢者（60歳以上）の医療サービス利用状況

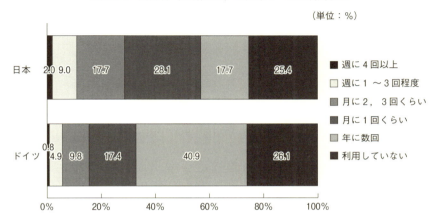

（出所）　内閣府共生社会政策統括官「第6回高齢者の生活と意識に関する国際比較調査結果」平成17年度より作成。

図表 2-2 平均在院・外来受診数の比較

（年平均）

	ドイツ	日本	フランス	スウェーデン	イギリス	アメリカ
入院時の平均在院日数*	10.4	36.3	13.4	6.2	7.2	6.5
外来受診回数**	7.3	13.8	6.7	2.9	5.3	3.9

*　2000年〜2004年における平均
**　2004年のデータ
（出所）『厚生労働白書』2010年，OECD Health Data（2006）。

　図表 2-1 によると，日本では「利用していない」「年に数回」を合わせると 43.1％，ドイツでは 67.0％ である。病院の特性は診療機関であり，「医療法」第1条の5には，その病院の「定義」が掲示されている。

　　病院は，傷病者が，科学的かつ適正な診療を受けることができる便宜を与えることを主たる目的として組織され，かつ運営されるものでなければならない。

第2章　認知症の人を巡る社会的支援と家族　　35

したがって，急性期の療養が終了すれば自宅に帰らねばならないのだが，実際には，自宅に帰れず医療機関に留まっている状況がある。それは「社会的入院」と称されている。その実数をつかむのは容易ではないが，ここでは，一般的な傾向として先進諸国を比較対照してみたい。

　図表 2-2 にあげられた諸国のうち，社会保険としての医療保険が導入されているのは，ドイツ・日本・フランスである。日本の平均在院日数はドイツに比べてその 3 倍強，外来受診回数は 2 倍弱であり，いずれも他国の群を抜いている。

(2) 在宅か施設か

　日本人高齢者の「医療」依存度は先進諸国のなかでも，極めて大きい。ひとつは「国民皆保険」制度や老人医療費の「無料化」など，いわゆる「福祉元年」をめぐる政策の過程において，「社会サービス」は自己負担が低いほど「福祉度」は大きいと国民を啓発したからである。自己負担を小さく，国の負担は大きく，それが「福祉国家」だ，という原像が国民に教え込まれた。だが当然にも，この国の財源の支えは最終的には国民の負担となる。

　なぜ施設入所なのか，あるいはなぜ施設が増設されてきたのか。ドイツでは「入居」と表現されるが，自宅から病院，そして施設あるいは病院から自宅へ，という移住が試みられる。その移住を促す理由は，時間の経過に伴う個々人の身体的・症状の変容である。ケアが必要とされる状況，さらに認知症と診断される状況，そうした変化する状況のなかでケアされる人とする人に，新しい生活設計が促される。

　その瞬時の生活設計が日本人の不得手な領域である。時間の経緯を追うことにしよう。なにが直面する課題なのか，その時々の認識と判断が求められる。老いとともに，さまざまな身体の変化に直面する。脳卒中の結果不自由になった身体，ガンと告知され余命を知らされた時，あるいは「もの忘れ」を認知症と診断された時，その時々に必要とされる「ケア」が浮き彫りにされ，その当事者とともにケアする人に新たな生き方が迫られる。

　それからの，その居場所とはどこか。「病院」なのか，あるいは「施設」か，自宅の生活を継続するのか，その回答が求められるわけである。自宅での生活の継続は多くの人にとって優先順位が高いのであるが，その実現には

図表 2-3　要介護者の移住先

要介護者の認知症老人自立度 (2002年9月末現在)		要介護者 要支援者	認定申請時の所在（再掲）単位：万人				
			居宅	特別養護老人ホーム	老人保健施設	介護医療型医療施設	その他の施設
総　　数		314	210	32	25	12	34
再掲	認知症自立度Ⅱ以上	149	73	27	20	10	19
	認知症自立度Ⅲ以上	79 (25)	128 (15)	20 (4)	13 (4)	8 (1)	11 (2)

（出所）　厚生労働省老建局総務課推定（2003年）。

家族・社会サービスなどの生活・社会環境の整備状況が，深く関わっている（図表 2-3）。

(3) 同居か近居か

　高齢者の家族関係をつないでいく方法としては，同居あるいは別居，さらにドイツでは近居という形式もある。ここではまず，「同居」についての現状を認識したい。

　図表 2-4 からわかるように日本とドイツの比較における特徴的な差異は2点あるが，そのひとつは「子ども」との同居に関することである。またその点に関してもさらに2点ある。同居する「子ども」が未婚か既婚かである。いずれの場合であれ，日本はドイツに比べその「同居」割合は段違いの大きさである。

　「未婚」は未成年者を含むのであるが，ここでは，65歳以上の高齢者との同居が対象とされており，「未婚」者といってもその年齢は高い。子どもは18歳で家族から巣立つというドイツでの伝統的な「自立」観からすれば，事実上未成年者は含まないと解するべきであろう。この数値は，親と子の関係における日本とドイツとの文化的差異を端的に表現しているように思える。もうひとつ，「既婚」者と親との同居，その日本とドイツとの差異の大きさも家族観における文化的相違を示すものである。

　本章においては，高齢者の生活環境，とくに「住」と「同居」に関して日

図表 2-4　高齢者と家族との同居の状況

(単位：%)

	配偶者／パートナーと同居	既婚の子供と同居	未婚の子供と同居	独居
ドイツ	51.7	3.8	6.6	39.5
日本	69.7	27.2	20.1	11.0

(注)　同居者については複数回答有（例：配偶者と未婚の子供）。
(出所)　内閣府共生社会政策統括官「高齢者の生活と意識　第6回国際比較調査結果」。

本とドイツの現況をデータで追認した。なお、「パートナー」との同居はいずれも半数を超えているが、パートナーの一方が死去し、同居者がいなければそのまま「単身」世帯となる。ドイツでのその際立つ数値の高さこそが、ドイツ人高齢者における強い「私（ich）」の意思表現であろう[4]。

3　認知症と診断されてケアが求められる

　認知症の人がいてケアが求められ、そして介護、あるいはケアをする人が必要となる。それは当たり前の筋道なのだが、日本では往々にして、先に介護・ケアの人が設定されている。ここで強調したいのは、介護・ケアの人に認知症の人を合わせるのではなく、認知症の人に介護・ケアを合わせる、という基本の確認である。

　　台所で朝食を食べていた時、階段を下りる足音に気が付いた姑はふりむいて、台所に入ってきた主人を見て「あんた、また、あの人を泊めたんやね。いい加減におし。はよ帰ってもらい」と言った。もはや息子の顔も識別できないかと悲しくなりました[5]。

　上記の事例では、息子の妻、つまり嫁による姑へのケアが示されている。嫁の義母への介護は先進諸国では稀有の事例かもしれない。また、この事例のような「同居」としての介護事例も少ないと思われる。その是非についてはここでの検討課題とはせずに、以下では、家族のあり方をめぐる日本とド

イツとの比較を課題としたい。

(1)「イエ（家）」と家族

本章冒頭の引用文に際して、実母をケアする娘の心情にある「イエ（家）」の潜在的意識を指摘したのであるが、わが国では家族と「イエ（家）」とは不可分であると思える。そこに、あるいはそれが故に、ケアを「ウチ」としての家族だけで抱えることが、高齢者虐待あるいは児童虐待が止まらない遠因に思える。

「家」に関しては、戦後約60年の経過ですでに「家」はない、あるいは「家」のの伝統を継承すべきだ、さらに存続する「家」を廃棄すべしだ、などさまざまな意見が「ケア」絡みで対立・交差している[6]。

図表2-5 介護者の続柄ごとの人数、平均年齢

	人数（％）	平均年齢
夫	245 (22.4)	74.5歳
妻	274 (25.0)	68.9歳
息子	92 (8.4)	57.8歳
娘	279 (25.5)	56.4歳
息子の妻	163 (14.9)	55.5歳
娘の夫	5 (0.5)	62.5歳
孫	4 (0.4)	34.5歳
兄弟姉妹	5 (0.4)	73.8歳
実父母	7 (0.6)	64.0歳
おい・めい	3 (0.3)	65.3歳
その他	3 (0.3)	51.0歳
不明	14 (1.3)	
合計	1094 (100.0)	

（出所）認知症の人と家族の会、意識調査、2011年。

ここでは、「ケア」の課題に即しつつ、日本とドイツでの「ケア」に関わる家族観やその実像についての比較を試みたい。

まず、「家族」という概念についてである。

(2)「家族」を巡る日本とドイツ

図表2-5は、「認知症の人と家族の会」による調査報告書からの引照である。私たちが日常「家族」と表現しているのは、少なくとも**図表2-5**にうかがえる範囲を指すものと理解していいであろう。

次いでドイツでの、これもケアに関わる家族についての実情を示すものが**図表2-6**である。

以上2つの資料は出所の性格を異にしている。日本の資料は認知症の人の介護者であり、ドイツのケースは介護保険での在宅介護者にある。ここでの比較の目的は、在宅での介護者の属性をつかむ、という点にある。なぜ「属

第2章 認知症の人を巡る社会的支援と家族 39

図表 2-6 主たる家族介護者 (ドイツ)

(単位:%)

	1991 年末	2002 年末
(続柄)		
配偶者	37	28
母	14	12
父	0	1
娘	26	26
嫁	9	6
息子	3	10
孫	1	2
その他の親族	6	7
友人, 隣人, 知人	4	8
(性別)		
男	17	27
女	83	73
(年齢)		
45 歳未満	19	16
45-54 歳	26	21
55-64 歳	26	27
65-79 歳	25	26
80 歳以上	3	7
回答なし	1	3
平均年齢	57 歳	59 歳

(出所) 松本勝明「ドイツにおける介護者の確保育成策」(一橋大学経済研究所, 世代間問題研究機構, 2008 年 4 月) より作成.

性」なのか, という点に関して言えば, 両国での介護者の相違を確証したいからである。

さて, その両国間の相違であるが, まず顕著なのが「嫁」の介護である。日本では珍しくはないが, ドイツでは稀有である。[7] 日本では「兄弟姉妹」ドイツでは「その他の親族」となる。注意を要することのひとつが, ドイツでの「母」である。ドイツの介護保険では被保険者は医療保険加入者に準じているので, 年齢の区別なしに保険を利用できるのである。その「母」とは, 障害のある子どもへのケアを担当していると解したい。

(3) 親に対する子どもの扶養

老いとはなにか。「不老不死の秘薬」を求めに徐福を日本に派遣したのは, 秦の始皇帝であった。その朗報を待たずに皇帝は死去した。「老い」とは,「老人になること」(岩波『古語辞典』) にほかならない。古代ギリシャの女神カリュプソーはオデュッセウスを愛し孤島に閉じ込めたいのだが, オデュッセウスは女神に応えていう。故郷の妻, ペーネロペイアは「美しき姿, 身の丈, 御身とは比べにもならず劣りたるは, 我ももとより承知なり」。「御身は不死の身にて不老なり」。オデュッセウスは妻が「人の子, 死すべき身」, されど我は「死すべき人間でありたい」と妻のもとに帰ることを宣言する。[8]

老いも, 死も, 時の経過のなかにある。老い逝く過程において人は身体の衰えを訴え, 他者の助けを時に必要とする。その必要時に同居するパートナー

図表 2-7　ケアシステムの比較

	デンマーク	ドイツ	スイス	イタリア
社会政策的関連事項	個人主義	核家族	個人主義／核家族	拡大家族
法的義務	なし	ふつう	わずか	非常につよい
規範的義務	わずか	つよい	ふつう	非常につよい
ケアへの責任	国家	家族／国家	国家／家族	家族
職業的ケア	ひろく普及	普及	ひろく普及	普及なし

（出所）　Klaus Haberkern, *Pflege in Europa: Familie und Wohlfahrtstaat*, VS Verlag, 2009, S. 75.

は，お互いのケアの役割を了解するであろう。

　また，子どもが老親を扶養することが基本とされる国がある。ヨーロッパ諸国においても，主として子どもが老親のケアを担っている国がある。イタリア・スペイン・ポルトガルなどの諸国である。社会サービスによって老親のケアを担うのは，福祉先進国としての高齢化社会をリードしてきたスカンジナヴィア諸国である。ドイツなどの中欧諸国は家族ケアと社会サービスとの組み合わせである。その仕組みを担うのが介護保険制度である。**図表 2-7 には，ヨーロッパ諸国での家族ケアと社会的ケアの組み合わせ様式が示されている。**

　ドイツはヨーロッパのなかにおいては，比較的に家族ケアが重視されている。その点については，すでに増田雅暢「家族介護の評価と介護保険」[9]，松本勝明「家族介護者の支援と介護従事者の確保・育成」[10]によって詳しく展開されている。増田論文では，家族介護中心の日本の現状において，その家族介護者への社会的支援が課題とされ，とくに介護手当の導入されなかった経緯やその論点の開示が試みられている。そのうえで，介護手当の制度化を提議するのである。本章との兼ね合いで言えば，ケアする人へのケア，つまり「care for carer」の認識が薄い日本において，なによりも「介護手当」などによる在宅介護者支援は，とくに今後の在宅ケア機能の弱体化を展望するにおいて，最重要課題である。

　また，松本論文に学ぶ点は，ヨーロッパ諸国を展望しつつ，ドイツでの家族介護者支援策への評価に関するものである。とくに，現物給付と現金給付

との組み合わせを含めて，その利用は要介護者たる当事者の裁量に委ねられる。また，金銭給付の受給にあたっては，保険者の定期的な審査が制度化され，介護の質確保に貢献している。松本の提案するように，家族介護者へのさまざまな支援は在宅介護での質を向上させうるのであり，また介護サービスの需要を抑える効果も持ち得ると思われる。

4　家族ケア

ドイツは，ヨーロッパ諸国のなかにあっても家族ケアが重視され，それを補完する仕組みとして社会サービスが制度化されている。その点に関しては，日本のケアの実情はとても近いように思える。そこで本節においては，両国での家族ケアを比較検討しつつ，その差異性を検出することにしたい。

すでに触れたように，パートナーの場合にはいずれかの「要介護」という「事故」については，お互いが明示的，あるいは黙示的に了解済みのはずであり，とくに検討を要しない。ここでの課題は，なぜ老親のケアを子どもが担うのか，という点であり，両国の実情を比較しつつ考察してみたい。

(1) 日本での子どもの老親扶養

子どもの老親への扶養は，子どもが親と同居をしていれば，時間の経過がごく自然に「扶養」へとつながる。子どもが親と同居していない場合においては，親がケアを必要とし始める際にケアの担い手が課題となる。ドイツではその場合には，一般に家族会議が開かれるようであるが，日本にはそうした合議でケアの担い手を決める伝統はない。

わが国には，老親の扶養に関して次のような法律が定められている[11]。

　　直系血族及び兄弟姉妹は，互いに扶養する義務がある（「民法」第877条の1）

　　家庭裁判所は，特別の事情があるときは，前項に規定する場合のほか，三親等内の親族間においても扶養の義務を負わせることができる（「民法」第887条の2）

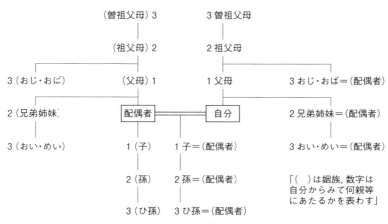

図表 2-8 三親等内の親族関係

（出所）二宮周平『家族をめぐる法の常識』講談社現代新書，1996年，127頁。

　ここに言う「扶養」は，「引取り扶養」ではなく，金銭的援助を意味する。その場合には，ケアを必要とする当事者は，そのケアサービスを法制度，あるいは民間サービスに求めてその費用を「扶養義務者」に請求するのである。つまり，直接のケアは扶養義務者に求められないのである[12]。

　では，「三親等内」とはどの範囲を意味するのか，**図表 2-8** で示しておきたい。

　この「親族扶養」の形態および「扶養」のような義務は，ドイツでは規定されていない。この子どもによる老親扶養は，ドイツなどのヨーロッパでは一般的には，『文化的規範』と呼ばれる，いわば「慣習」のひとつである。

(2) ドイツでの子どもの老親ケア

　ドイツでも子どもが老親をケアしている。すでに述べた通りである。日本での老親扶養との相違を確認しておきたい。まず，「嫁」の可能性は少ない。「同居」は少なく「近居」が多い。もうひとつ重要と思えるのは，家族介護者への現金給付に関してなのである。ここで言う「家族」とは血縁の必要もなく，近隣の人でも構わない。つまり，一人暮らしのお年寄りが世話をする

人を探して世話を依頼する，その対価として介護保険の「現金給付」を活用できるのである。ドイツの介護保険は，日本のような，いわば「老人介護保険」ではなく，医療保険の被保険者が自動的に介護保険の保険者であるために，介護給付受給者に障害のある子どもや若者がいる。介護サービスを当事者一人ひとりの生活に合わせて活用することは，障害のある人の自立的運動なのであるから。

　子どもが老親ケアを担うには，2通りの筋道がありそうに思う。そのひとつは子が親の財産を生前に相続し，同時に親のケアを担う。子どもと老親とのケアと相続に関する双務契約の締結である。いかにも，ドイツ文化らしく，契約を中心に据えた老後生活の継続である。この点については，坂井洲二『ドイツ人の老後』[13]に詳しい。ただし，こうした契約を基にした子どもの老親ケアは，ドイツのどの地域にも見られるものではない。

　もうひとつ，より一般的には，「補完性」の原則と呼ばれる制度がそれである。少し説明が必要と思われる。

　この「補完性（Subsidiarität）」の原則は，教皇ピオ11世の「社会回勅」に由来するという。それは社会福祉の領域に関わることであり，「人間はなによりも自分自身について責任を負うべき存在であり，社会の援助は個人がみずからの力でなし得ない時のみに限るべき」[14]とするのである。だから，まず個人的努力，できなければ補完は，家族，次いで隣人，さらに民間の非営利組織，ついで民間営利組織，自治体，国家という順に支援の輪は拡大する。この補完性の原則は「社会国家の連帯にとっての本質的な編成原理」なのであり，具体的には個人とコミュニティ，私法と公法，ボランティアと専門職との間」[15]をつなぐのである。

　まず，ケアを受ける当事者，個々人の意思の表示が迫られ，その意思が尊重される。子どもが老親をケアするかどうかは，その原則の地平にありつつも子ども個々人の意思に基づく。そのケアの判断は文化的規範なのだが，それは宗教的影響も大きいように思える。ヨーロッパの南部はカトリックの信者が多く，家族ケアが強い。北の諸国はプロテスタントの信者が多く家族ケアは弱い。ドイツはアルプス以北の中部にあり，カトリック系とプロテスタント系とが拮抗している。

5 「日本的なこと」「ドイツ的なこと」

　本章の目的は，認知症の人の増加を念頭に置きつつ，一人暮らしであってもその生活を続け得ること，その支えとしてのケアのあり方を探ることにある。それにしてもずいぶん迂回してきた。まず，認知症の人の在宅ケアの実情について，データに即して，日本とドイツとの比較を試みた。
　さらに，家族ケアにおける日本とドイツとの同一性と差異性とを，それぞれの社会的・文化的条件を検証しながら追跡した。そこで重要なことは，同じく家族ケアとはいっても，日本とドイツとはまったく異質だ，ということにほかならない。日本とドイツとは在宅ケアに関する社会的・文化的環境がまったく異なる，という確認である。
　本節においてあらためて，その差異性に踏み込み，そのケアに関わる歴史的・文化的側面を検証したいと思う。その検証のうえにおいて，認知症の人の一人暮らしを支える枠組みについて考察したい。

(1)「イエ」と「日本的なこと」
　日本では住む居場所を「家」と表現している。その「家」は，日本では建物だけを指すのではない。その「家」の定義は古く，「イヘ」と表現していた時代に遡る。『岩波古語辞典』から引用しよう。

> 家族の住むところ，家庭・家族・家柄・家系をいうのが原義。(屋)は，家の建物だけをいう[16]。

　「イヘヌシ（家主）」の使命は，イヘを継ぐことにあった。嫁はイヘのヌシたる夫に，つまり「イヘ」に嫁いだのである。その「継ぐ」とは，世代間をつなぐことにほかならない。さらに，その「イヘ」を永続的に，代々継ぐためには，常に新しい世代に繰り返し教育する必要がある。それは，冠婚葬祭の行事や親族名称のかたちで実行されている。結婚はイエとイエとの関係であり，夫婦はイエを介して個々につながり，女性はイエに嫁ぐ。ドイツでは，結婚は男と女との個々人の契約であり，互いにファースト・ネームで呼び合

う。日本でもファースト・ネームで呼び合う夫婦があるが，子どもが誕生すると一変する。つまり，夫婦のあいだの呼びかけは，その子どもを基準とした相互の呼称へと転回する。つまり，お互いに，親族名称の「パパ」「ママ」で呼び合う。ドイツでは子どもが誕生しても互いの呼称に変化はない。なぜ日本では転回するのか。

> 夫婦は，お互いのそれまでの横の関係を，共通の子供を基準とした縦の関係，つまり，お互いに同一の子供の父であり母であるという与えられた関係に組直し見直すことで，永続的状態に入ろうとする。[17]

「イエ」の形成要因には立ち入れないが，上記の解釈において重要と思われるのは，「永続性」が子どもを介した血縁関係において形成されることである。1943（昭和18）年の文部省社会教育局による「家」の定義を参照しよう。その「永遠ノ生命ヲ具現」することが「イエ」の使命である。

> 家ハ，祖孫一体ノ道ニ則ル家長中心ノ結合ニシテ人間生活ノ最モ自然ナル親子ノ関係ヲ根本トスル家族ノ生活トシテ情愛敬慕ノ間ニ人倫本然ノ秩序ヲ長養シツツ永遠ノ生命ヲ具現シ行ク生活ノ場ナルコト[18]

「ソト」に対して「ウチ」が維持，継承されねばならない。「ウチ」においては，『女大学』に「良妻賢母」の規格として，「舅姑に従はざる女は去るべし[19]」と示されている。「イエ」の擁護者は，「イエ」に権利義務を定める法の導入を強く警戒した。個々人の「権利」と言われていながら，日本での「個」は，今日においてなお，依然として無権利状態に置かれている。

(2) 認知症ケアにおける「日本的なこと」

> 86にもなって，廃人となっても，なお生命を大切にすることが醇風美俗のお題目なら，あたしは宗旨変えをするわ。人間は何故生きなければならないのか，という問題は，生きてることに何か意義が見出せる間のことでしょう？　（中略）あたしたちを厭がらせるだけの生命なんて，

ちっとも尊重出来ないわ。それでもなお，生命は大切だと思わなければならないのかしら[20]。

　上記の引用は，1947（昭和22）年の『改造』に発表された丹羽文雄の短編小説から引いたものである。認知症の義母をめぐる，世話の確執の様相を綴る語りの一部である。アメリカのように「老人ホーム」ができると預けられるのに，と自問している。ちなみに，1963（昭和38）年には「老人福祉法」を法的論拠に特別養護老人ホームが設立されることになる。2000年に介護保険制度が導入されて，その老人ホームは「指定介護老人福祉施設」と呼ばれるが，現在では，入所を希望してもすぐに入所できるわけでない。定員の何倍かの入所待機が常態化している。
　義母の「醜態」を描いた作家・丹羽文雄は，晩年には，自身が認知症状に悩まされ，文章の書けない作家は日夜原稿用紙に「丹羽文雄」，と何度も書き続けたという[21]。
　「醇風美俗」は今日ではほぼ死語と化しているが，家族（＝「イエ」）に関わる重要な用語のひとつであった。その用語が法制度として登場したのは以下の文言である。

　　一国ハ一家ノ如ク一団ノ靄気大和民族ノ地盤ニ漲リシハ是レ古来我国ニ於ケル醇風美俗ノ状景ナリ[22]

　これは，民法改正の諮られた「臨時教育会議」（1917-1919［大正6-8］年）での，当時の検事総長平沼騏一郎の提案の一部である。各階級をこえて国家に奉仕すること，それが，教育目標の根底にあった。その後，その用語は戦前期・戦中期を通じて国民教育の基調として，「国体維持」に向けて，繰り返し情宣され続けたのである。
　さて，「醇風美俗」は民法改正論議で採り上げられるのであるが，家族，あるいは親族扶養とどのように関わるのであろうか。要点のみを整理することで，以下に日本的ケア観を確認しておきたい。
　1871（明治4）年，明治政府は廃藩置県を実施して士農工商を廃棄しつつ，天皇を頂点とする中央集権国家に向けて，地方の整備に着手した。そのひと

つが地方官の派遣による戸籍制度の統一的な実施である。その国家統治組織の末端に位置づけられたのが，「戸」であった。「共同生活を営む血縁・家族集団を一つの戸として，その長を戸主」[23]とした。戸主は「家長」としての責任と権限を担い，明治国家の推進する施策に合わせた，「臣民」の訓育の役割を演じたのである。1880年代後半には，民法典の作成には保守派の強い抵抗が生じた。注目すべきことは，保守派代表の穂積八束「民法出デテ忠孝亡ブ」にうかがえるように権利関係を家族内に導入しない，という姿勢である。換言すれば，「家ハ法律ノ及フ所ニアラス純白ナル敬愛ト徳義トノ棲息スル境界ナリ」[24]，という。

ここで「ケア」の担い手に話題を移したい。さて，一方では民法における「親族扶養の義務」を謳いながら，他方では「家ハ法律ノ及フ所ニアラス」とする。つまり，親族がケアを引き受けるのに「民法」は強制力を発揮しないのである。また，実際にはケアを必要とする人のケアのために，民法の条項は参照されないからである。では，なぜ親族はケアを引き受けるのか，認知症の人を在宅でケアする人の調査結果を参照したい。

嫁の介護は14.9％，娘・妻・夫に次いで多い。介護者の性・年齢の概要は以下の通りである。男性の年齢層，最多は70歳代の32.3％，次いで60歳代の22.6％，80歳代17.6％である。女性では，60歳代の28.4％，50歳代の26.8％，差があいて70歳代の15.8％である。

次いで，介護時間について。まず，「ほとんど一日中」が51.3％，「半日程度」13.4％，「3～5時間」13.4％である[25]。

さらに，介護の継続意思に関することが問われている。

ここでも，嫁の意向に焦点を当てたい。**図表 2-9**を見ると「介護を続けたくないが，続けるしかない」が45.6％，息子36.8％，娘22.7％，妻21.4％，最後に夫19.9％である。

ひとつのデータを紹介したい。このデータでは，嫁の相談割合が多い（**図表 2-10**）。

嫁の相談件数は，1317件と娘の2335件に次いで多い。全体の26％にあたる。相談の内容だが，嫁の語りである。「介護役割を引き受けることそのものへの疑問を感じているうえに，もっとも身近にいる夫からの理解が得られず，小姑たちの非協力や無責任な口出しに悩まされている状況」[26]

図表 2-9　介護者の続柄別にみた介護継続意思

	夫	妻	息子	娘	息子の妻	その他	不明	合計
介護を続けたいので，続けるつもり	104 57.5%	109 50.7%	22 38.6%	96 54.5%	37 32.5%	7 50.0%	0 0.0%	375 49.3%
介護を続けたいが，現実的には厳しい	35 19.3%	50 23.3%	10 17.5%	32 18.2%	17 14.9%	2 14.3%	1 33.3%	147 19.3%
介護を続けたくないが，続けるしかない	36 19.9%	46 21.4%	21 36.8%	40 22.7%	52 45.6%	4 28.6%	1 33.3%	200 26.3%
介護を続けたくないので，やめたい	0 0.0%	1 0.5%	2 3.5%	0 0.0%	3 2.6%	0 0.0%	0 0.0%	6 0.8%
特に介護をする必要がないので，わからない	2 1.1%	3 1.4%	2 3.5%	0 0.0%	1 0.9%	0 0.0%	0 0.0%	8 1.1%
不明	4 2.2%	6 2.8%	0 0.0%	8 4.5%	4 3.5%	1 7.1%	1 33.3%	24 3.2%
合計	181 100.0%	215 100.0%	57 100.0%	176 100.0%	114 100.0%	14 100.0%	3 100.0%	760 100.0%

（出所）　認知症の人と家族の会，意識調査，2011年。

図表 2-10　相談者と被介護者の続柄

相談者の続柄	件数	%
娘	2,335	46.1
嫁	1,317	26.0
妻	565	11.1
息子	210	4.1
夫	158	3.1
孫	67	1.3
本人	44	0.9
婿	9	0.2
母親	7	0.1
弟	5	0.1
おば	2	0.0
専門職	192	3.8
その他	164	3.2
	5,075	100.0

（注）　不明225件を除く。
（出所）　同上

日本での老親ケアの特徴は，ドイツとの比較でいえば，「同居」・「嫁」である。その視座における在宅ケアのあり方には，半ば強制された息苦しさが吐露されている。「家族愛」というべき主体的自己によるケアの引き受けでもなければ，生前相続と老親ケアとの双務的契約の合理性に依拠するわけでもなく，いわば，「世間」の，とはいってもウチなる声につき従ってのケアへの縛りであるかのようである。

　介護保険の保険給付，つまり介護サービスが提供される日本とドイツの受給者に伏在する根本的な相違，その日本的なケアとドイツ的なそれとの対照性に関して，精神科医・哲学者の木村敏は次のように言語化している。それは，在宅でのケアにおいて，家族個々人のあいだに「へだて」がなく，ケアは「ソト」に対して区切られた私的空間の「ウチ」にあることに関わる。そのことについての発言である。

　　西洋人が個人として社会に関与するのに対して，日本人は家の一員として社会に関与するという一般的傾向と，密接に関与する[27]。

　介護サービスで提供されるのは，「モノ」ではなく，実践としての「コト」のはずである。だから，ケアは人と人のあいだを媒介しつつ関係させる，あいだへの介入である。このケアの過程において個々人としての意思が促され，ここに「社会サービス」が形成されるのではないだろうか。

6　人口構造の激変を予測しながら

　近未来への私たちの道標を，数値という物化して表現してみよう。すでに，国勢調査「速報」でお馴染みであるが，以下に２つの特徴的な傾向を示すことにしたい。

(1) 人口構造の激変
　人口構造が激変する。それは前項で検証した通りである。「構造」の変化は量とともに質の変化を含む。特徴的なことは，単身化と認知症の人の増加である（図表2-11，図表2-12）。日本とドイツの近未来の予測では，両国が同

図表 2-11　高齢者一人暮らし世帯数の推移

(万世帯)

		2000	2005	2010	2015	2020	2025
一般世帯		4,678	4,904	5,014	5,048	5,027	4,964
	世帯主が 65 歳以上	1,114	1,338	1,541	1,762	1,847	1,843
	単独比率	303 27.2%	386 28.9%	471 30.6%	566 32.2%	635 34.4%	680 36.9%
	夫婦のみ比率	385 34.6%	470 35.1%	542 35.2%	614 34.8%	631 34.2%	609 33.1%

(注)　比率は，世帯主が 65 歳以上の世帯に占める割合である。
(出所)　国立社会保障・人口問題研究所「日本の世帯数の将来推計——平成 15 年 10 月推計」。

図表 2-12　認知症高齢者数の見通し

(万人)

将来推計	2002	2005	2010	2015	2020	2025	2030	2035	2040	2045
認知症 自立度Ⅱ 以上	149	169	208	250	289	323	353	376	385	378
	6.3	6.7	7.2	7.6	8.4	9.3	10.2	10.7	10.6	10.4
認知症 自立度Ⅲ 以上	79	90	111	135	157	176	192	205	212	208
	3.4	3.6	3.9	4.1	4.5	5.1	5.5	5.8	5.8	5.7

※下段は，65 歳以上人口比 (%)

(注)　自立度Ⅱ：日常生活に支障を来すような症状・行動や意思疎通の困難さが
　　　　　　　多少みられても，誰かが注意していれば自立できる。
　　　自立度Ⅲ：日常生活に支障を来すような症状・行動や意思疎通の困難さが
　　　　　　　ときどきみられ，介護を必要とする。
(出所)　平成 15 年 6 月，厚生労働省老建局総務課推計。

様な傾向を示す。異なるのは，日本とドイツでの「ケア」のあり方についてである。ここでは日本の「ケア」の行方について考察を試みたい。

「イエ（家）」という家父長的システムは，そのものとしては眼前にはない。ただし，私たち日本人の身体には，長い時を貫いてその精髄が継承されているようである。その持続的な影響力の源は，常に「イエ」が多くの新しい後継者を準備できたことにある。その後継者づくりを支えたのが女性であった。男性は，このシステムの命じる「戸主」の役割や「イエ」の食料源を支える労働力を演ずることで，その「強さ」を演出できたのである。個々の男性が

強いわけではなく，システムが男性に権威を与えたのであった。

　「イエ」においてアイデンティティを得てきた男性は，今日では「イエ」の溶解のなかで強さを失った。高度経済成長期での市場経済の進展のなかで，女性は「出産」の権利に目覚め，と同時にシステムへの「子ども」の提供を拒否した。それが，出生率の低下という数値である。それは「イエ」システムへの女性の反乱であり，その持続性の妨害なのであるが，それによってシステムへの人材の供給は断たれた。その煽りをくって，男性はそのシステムにのみ支えられてきた自己の居場所と強さを喪失する。現時，男の弱さの表出は，女の強さを鮮明化する。そもそも強さ・弱さは相対的な秤の上のことにすぎないからである。

　それでも，「イエ」の精髄だけは現在の家族に継承されている。たとえば，「ウチ」「ソト」の感覚である。だが，家族の規模を縮小し始めた途端に，「ウチ」「ソト」の家族境界は溶解してきた。伝統的に堅持してきた「ウチ」の，包摂力・危機対応力・生殖力などが衰弱してきたからである。信頼すべきはずの家族はすでに孤立し，危機への対応にも柔軟な対応能力を失い始めているのである。

(2) 通時性と共時性

　あらためて，「日本的なこと」と「西欧的なこと」，その相違を問うことにしたい。本章は「ケア」のあり方を課題としつつ，実はこのテーマを念頭に置きつつ追い続けていた。その比較文化的な考察において重要なことは，互いの文化的相違の認識，およびその文化的境界の相互的な乗り越えの可能性についてである。「乗り越え」と表現したのは，ドイツを含む西欧的な「social」と親族扶助を伝統とする日本の現状との相違，その「地理的相対性」を超えることへの挑戦である。そのことをここで「乗り越え」と表現したのである。

　さて，「日本的なこと」と「西欧的なこと」との境界を表示するものをあらためて掲示してみたい。日本の家族は血縁を基にした親子，そして現在から過去，さらに未来へとつなぐ祖先崇拝を特徴とする。他方，ドイツでは家族は夫婦と子どもである。子どもが独立して家族から離れると夫婦だけのパートナーになる。自立した子どもがパートナーの元に戻ることはない。その「自立」を支えるために「social」という関係が形成されているからであ

る。支えるのであるから,「social」とは檻のような固定した枠ではなく,運動体であり,流動的なものと理解したい。

　日本的な特徴とドイツ的,つまり西欧的な特徴は,前者は「通時態」,後者は「共時態」として表現される。その対比に関して少し説明を加えたい[28]。通時態は,家族を時間的経過に即して把握する。共時態は現在の時間の一点においての人間関係のあり方を示す。それを比較文化的な視点で言えば,家族特性での日本的関係とは「血縁」であり,西欧的とは「契約」である。

　日本にあっては「イエ」における個人であり,西欧にあっては「契約」における個人である。前者では,火葬後に「家」の墓に収められ,後者では自治体から25年間契約で貸与される「個人」の墓に土葬される。その対照性において表現すれば,イエ（＝家族）は「自然」であり,契約は「文化」である。その契約は権利と義務との双務性であり,「social」な性格を有し,これも「文化」である。19世紀半ばのヨーロッパは失業・貧困・疾病など,「西欧の没落」を思わせる事態にあった。その危機の時代において,「social」の意義が再発見されるとともに,その「social」が2つの「social」,つまり「social insurance」（社会保険）と「social work」（ソーシャルワーク）という運動に展開され,支え支えられる法制度と個々人への支援・援助活動が形成される。ここに,ヨーロッパ諸国が社会保障制度へと展開する端緒が得られたのである。

　人口構造の激変と述べた。そのもたらす影響も予測できる。だが,その予測が社会展望として取り込まれたとしても,対処の方法は親族扶養から逃走できないであろう。「民法」の定めのことではない。だが,近未来での人口構造の激変で「イエ」依存が壊れると,「個人」は孤立無援に落ち込む。ここに,「social」という個人と個人との間への介入が不可欠となる。家族からの自立と「social」な生活とは,実は表裏の関係にある。と同様に,単身世帯化と認知症の人の増加への備えにおいては,固定的な血縁関係では応えられず,「social」という関係づくりこそが極めて重要であると思われる。動的な均衡は生物の根本的なあり方である。急速に変わる人間と人間の関係,人間と環境との関係,その変転への対処には,より高い安全性確保のためにも,融通性の大きな人的ネットワークが必要とするのである。それが「social」の意義なのである。

7　認知症の人と社会的支援

「認知症の人と家族の会」(以下,「家族の会」) は1980年に結成されている。2000年に介護保険が導入されたのだが,それを挟んですでに30年以上が経過している。2010年時点で会員9826人であり,会員は認知症の人の推定数約250万人のなかで約250分の1の割合である。

以下に「家族の会」でのアンケート調査結果から,認知症ケアの現状の問題性と課題を見出したい。「家族の会」がすべての認知症の人や介護する家族を代表しているわけではないが,その活動力は高く評価すべきであり,その活動において重要な提言あるいは示唆が見出せるのである[29]。

まず,調査結果のなかから,「ケア・対応」に関する自由回答の収録を対象として,その回答をカテゴリー化したうえで,さらに構造的に解釈を試みたい。その考察が以下の内容である[30]。

(1) 介護者の質

自由回答の数量的な概観を述べると,その事項の自由回答数は147件,その内で「ケア・対応」が139件である。私は,その自由回答の記述をカテゴリー化して分類し,さらに最終的には基本的に3つのカテゴリー,つまり「介護職の資質」「認知症ケア」「人間の尊厳」に分類した (図表2-13)。この3つのカテゴリーを「ケア・対応」の基本軸として再解釈できる。まず,それぞれの「軸」についての説明が必要であろう。回答において最も大きな比重を占め,最も厳しい批判に直面しているカテゴリーは,「介護職の資質」に関するものである。

その発言のなかからとくに厳しい批判を,以下に例示したい。

- 「ケアの質は認知症の人の実情に応じてどれだけ個人対応できるかということ。一律の食事介助,トイレ介助ではなく,本人に一番適した介助がどれだけできるかにかかっている」
- 「認知症への偏見は強くある。特に介護,看護などのスタッフ側の理解が不十分」

・「画一的な区割りを出来る限りなくして，ひとりひとりに合った，その人が必要とするケアが受けられることを望む」
・(転職の多さのために)
「介護という職務についてベテランが育たないことであり，技術の蓄積とか伝習が行われないことに直結します。これは入所するものにとっても不幸なことです。」
・「認知症ケア研修が現場で生かされていないため，介護スタッフの数を増し身分保障をした上でケアの質を求めたい[31]」

図表2-13　認知症ケアを巡る課題

```
           人間の尊厳
            /\
           /  \
          / social\
         /        \
  介護職の資質 ―――――― 認知症ケア
```

（出所）　筆者作成。

　認知症の人へのケア，そこでまず，留意すべきことは，ケアの難しさとケアの長期化にあると思われる。難しさというのは，身体的ケア中心の，いわゆる標準化され得る従来型のケアではない，という点にある。ケアの長期化というのは，認知症状は加齢とともに重度化し，しかも診断から10年以上にわたり，個々人で症状の違いを発症しながら経過することにある。まさに，それぞれの認知症状の変動と個性につきあうことが「ケア」にほかならない。認知症ケアを正面から論ずることは，本章の範囲を超えているので，ここでは以下のような指摘で責めを塞ぐこととしたい。

　上記の回答者に共通する認識は，施設でのケアの質は「介護職」に依存している，つまり「人」だというのである。ケアの質が「人」に向けられると，その人の介護能力という資質，さらには認知症ケアに関する学習・研修の実効性が問われることになる。

　認知症ケアには，まさに新しいケアの研究・研修，そうした養成という新しい課題が伏在している。従来型の，いわゆる古いケアであれ，あるいは新しいケアであっても，もとより，常に「人間の尊厳」が高く掲示されるべきこと，という理念は不動である。そのうえで求められているケアとは，「一人ひとりに合った」，認知症の人が「必要としていること」，その気づきに始まるケアが基本とされる。

　家族介護者の発言を真摯に受けとめることで，あらためて，認知症の人へ

のケアのあり方が再審に付されるのである。「ケア」の項目では,「低すぎる」と端的に言い放つ事例がある。また,「身体拘束」の項では,以下のような怒りに近い言葉に出会う。

「医師全員に8時間のベッド固定及び拘束の実体験をすることを義務づける」[32]。

当事者のそうした批判や不満への回答は,今後どのように改善されるのであろうか。当事者活動,いわゆるセルフヘルプ運動の提起している課題・懸案に改革で応え得ていない。日本においては,法制度の立法化がもっぱら中央官庁の主導であり,草案づくりからして官庁依存である。議員立法を基本とする欧米と日本を比較すれば,私たちの自治能力を問われてもいるのだ。

(2) 社会的支援強化のために

さて,「認知症の人を巡る社会的支援と家族」と題した,本章を結ぶにあたって改めてその主意と洞察の帰結を記すこととしたい。

主題化の出発点は「認知症の人の一人暮らし」である。この暮らしにはリスクが伴う。住むこと・食すこと・排泄のこと,さまざまな生活での通り道が難しくなる。そこで,施設入所や精神病院への入院の誘いが始まる。と同時に,認知症の人を巡る親族探しが始まる。私の身辺に多くの事例があるので,他の地域も同様と思われる。親族探しは言うまでもなく,「親族扶養」への道筋である。

他人に危害を与えない限り自由が保障されるべきだ,と私は思う。すでに述べたが,自己の意思を通し自立して生きる,という生き方があり,その社会的支援が必要とされる。「ここで生きる」という個人の意思に反して,施設や病院へと送られるのは自己決定に反するであろう。だが,残念なことに認知症で一人暮らしの社会的・文化的諸条件は不備である。

介護保険は役に立たない。家族が介護,という前提で制度化されているので,介護できなければ施設・病院となる。人口構造の激変にふれたが,施設・病院さえも満室状況が続き,思わざる単身化という「孤立化」が展開するであろう。認知症の発症は,その人の生活時間の経過のなかにおいて出現する。

その発症は唐突であり，無作為である。まさにこの世界は非合理である。認知症ケアはその基本に家族が据えられている。もちろん，認知症ケアだけではない。ガンや難病，脳卒中の慢性期も家族依存である。今後もこの風景のなかでケアが展開され得るのであろうか。

　本章は認知症の人のケアを課題とし，さらに家族との関係を主題化した。その主題に関しては，まず家族の介護およびその介護者への支援，もしくは家族ではなく社会的な介護の推進，その２つが予想される回答である。私の立ち位置はそのいずれでもない。つまり，ケアは認知症の人と家族の合意，あるいは家族外で担う，そのいずれでもありうる。最重要なことは，認知症状の時間による変化，また介護者の身体的・経済的状況の変化，そうした経過の変化にかかっている。つまり，時間の経過が，ケアしている人をケアされる人へ変え，時にはケアされている人が生き続け，ケアしている人が死を迎える。それは私たちの毎日の身近な経験であり得る。だから，本章では，「ケア」する，あるいは「ケア」される，という役割行動を固定できないと論じた。「ケア」という役割，それは時間の経過で破壊されるからである。可能性のある道はひとつしかない。ケアする仕組みの柔軟さの確保である。認知症状が常に変化するのであるから，認知症ケアにおいてもその変化に対応すべきことである。ドイツでは，家族の概念を変更する提起もある。つまり，新しい家族とは，「異なる世代がおたがいに責任を引き受ける共同体」であり「夫婦と子ども」ではない。[33]

　親族（イエ）の一端としての家族は，柔軟さとは対照的な，固定的な役割を演じてきた。認知症ケアに関して，もちろん私は認知症ケアに習熟すれば，他のケアにも応用可能と解釈している。そこで，認知症の人とその家族の関係について，以下３点に関して私見を提示しておきたい。

① ケアが必要になってきた当事者が，自ら，自分を補完できる条件を築くことができない。つまり，家族のなかで「ケア」を完結しないことである。つまり，ここに，「social」な支援の必要性が生まれる。

② "care for carer"，つまりケアする人へのケア，それはケアする人への現金給付に限らない。ケアする人への支援は，当該ケアの質を改善できるという展望がある。ケア連鎖の最終には，当事者のQOL（生活の質）

を改善することが可能である。
③ ケアされる人，およびケアする人への支援のための人材は，居住区におけるボランティアなどのインフォーマルによる人と人とのあいだのつなぎが重要となる。そのつなぎにソーシャルワークの仕事が発生し，その担い手の社会的意義が公に承認され得ると思われる。

1) NHK「老いの笑顔は街とともに」2009年4月29日放送。
2) 「宅老所よりあい」，福岡市の市街地に設置された認知症ケアを中核とする介護施設。市内3箇所に同じ理念の施設が設置されている。認知症ケアにおいて日本の最先端を担う力量を有している。
3) 「日本語の社会で最も古く根源的なのは，人々が，近いか遠いかを軸にして人間関係を考えることでした。上か下かの認識を大切にするのは，古墳時代以後の漢字文化の輸入による社会の階層化，家父長制的社会制度の成熟と関係があるようです」(大野晋『日本語練習帳』岩波新書，1999年，153頁)。
4) 「ドイツ語の〈私〉のichは省略されることがない。相手に対して〈私〉を明確に言い，表現しなくてはいけない」(小塩節『ドイツ語とドイツ人気質』講談社学術文庫，1988年，130頁)。
5) (社)呆け老人をかかえる家族の会編『痴呆の人の思い，家族の思い』中央法規出版，2004年，37頁。
6) 増田雅暢「家族介護の評価と介護保険」(『週刊社会保障』第56巻2198号−第56巻2202号，2002年8/26−2002年9/23)，とくに家族介護者への「家族手当」を巡る対立図式の検討は興味深い。
7) グレーフェ彧子『ドイツの姑を介護して』中公文庫，1999年。ドイツで日本人の嫁が看取りまでのケアを担う，社会サービスの多様性も紹介されて，貴重な事例である。
8) 斎藤忍随『プラトン』岩波新書，1972年，29−30頁。
9) 増田雅暢，前掲。
10) 松本勝明「家族介護者の支援と介護従事者の確保・育成——ドイツの取り組み」(社会政策学会誌『社会政策』第1巻第3号，2009年)。
11) 本章とは視点を異にするが，浅野清「日本社会の「イエ」的構成(再考)」『日本文化の中心と周縁』風媒社，2010年も参照されたい。
12) 二宮周平『家族をめぐる法の常識』講談社現代新書，1996年，126頁。
13) 同上，127頁。
14) 大西健夫編『現代のドイツ　社会保障』三修社，1982年，31頁，Bundesministerium für Arbeit und Sozialordnung (Hrsg.), *Übersicht über das Sozialrecht*, 3.

Auflage, 1995, S. 30 参照.
15) ドイツ連邦労働社会省『ドイツ社会保障総覧』ドイツ研究会訳, ぎょうせい, 1983 年, 5 頁.
16) 大野晋・佐竹昭広・前田金五郎編『岩波 古語辞典』補訂版, 岩波書店, 2011 年.
17) 鈴木孝夫『ことばと文化』岩波書店, 1973 年, 190 頁.
18) 磯野誠一・磯野富士子『家族制度――淳風美俗を中心として』岩波書店, 1958 年, 75-76 頁.
19) 同上, 111 頁.
20) 丹羽文雄『嫌がらせの年齢』『丹羽文雄文学全集』講談社, 1974 年, 100 頁.
21) 本田桂子『父・丹羽文雄 介護の日々』中央公論社, 1999 年, 98-99 頁.
22) 磯野誠一・磯野富士子, 前掲書, 40 頁.
23) 同上, 11 頁.
24) 同上, 17 頁.
25) 認知症の人と家族の会『認知症の人と家族の暮らしに関するアンケート調査及び国民の認知症と介護に関する意識調査』［報告書］2011 年 3 月, 14 頁.
26) 湯原悦子・尾之内直美・伊藤美智予・鈴木亮子・旭多貴子「認知症の人を抱える家族を対象とした電話相談の役割」(『日本認知症ケア学会誌』第 9 巻第 1 号, 2010 年 4 月) 40 頁.
27) 木村敏『人と人との間』弘文堂, 1972 年, 218 頁.
28) E. レヴィナス『倫理と無限』西山雄二訳, 筑摩書房, 2010 年, 76 頁.
29) とくに, 「電話相談」にうかがえる「介護」の実態の分析や「相談」の機能の重要性の指摘など, 多くを学び得る. 湯原悦子他, 前掲書, を参照.
30) 同上, 79-83 頁.
31) 同上.
32) 同上, 86 頁.
33) ドイツの「第 7 家族報告書」(2005 年) のことである. 姫岡とし子『ヨーロッパの家族史』山川出版社, 2008 年, 86-87 頁を参照.

* 本章は, 「認知症の人を巡る社会的支援と家族――日本とドイツ」(『社会関係研究』第 19 巻第 1 号, 2013 年 12 月) に補足・修正したものである.

第3章
認知症の若い人における就労と活動

1 問題の所在

　私たちの日常には，いわゆる「職業生活」と「年金生活」とのあいだに境界がある。労働に就く，とはいっても，前者では収入目的であり後者は余暇の活用であることが多い。認知症の発症期に関しても前者か後者かでは，その当事者の生活状況はまったく異なる。前者に関しては，厚生労働省の表現によれば「65歳未満で発症するいわゆる若年性認知症」(厚労省，2009年)，それに対する後者は「認知症高齢者」と呼ばれる。後者は，たとえば「認知症高齢者の日常生活自立度」というように使用されている。

　若年性認知症という表現は，認知症は老いとともに発症する，という自明とも言える「認知症観」への，ある意味においては，「異議申し立て」であるかもしれない。認知症のある人，すべての人に備えられるべき社会サービスが，もっぱら「認知症高齢者」向けのものであることが，あまりに当然視されている。認知症は「老い」に伴う器質性の精神障害と定義されることが多いが，そうすると，「若い」認知症の人が私たちの視野から消え，依然として，認知症の若い人への社会的支援が整わない状況が続く。いま「若年性認知症」の用語は定着したかに思われるが，果たして，認知症の若い人およ

び家族の苦悩と苦闘は依然として続いている。
　さて，若年性認知症というカテゴリーを定着させることは，「認知症高齢者」との区別を明瞭にすることであるが，では，その「区別」によってどのような新しい支援への期待が望まれるのであろうか。むしろ，その区別が「65歳」という年齢で境界づけられることによって，認知症の人たちのなかに社会的支援の新たな障壁が設けられることが懸念されるのではないか。
　本章では，以下，「認知症の若い人」という表現を使用する。私は，「障害のある人」「認知症のある人」という表現を使っているが，その延長線で考えると「若年性認知症」という用語はそぐわない。また，本章では「認知症の若い人」を自動的に64歳以下と規定しない。むしろ，65歳以上であっても，就労を希望してその仕事を担うことのできる人を念頭に置いている。以下，具体的に言えば，職業生活者において認知症が発症するケースを事例として検証しながら，現在の支援制度の課題を摘出する。さらに，日本およびドイツで展開されている「セルフヘルプ会」，いわゆる「当事者会」の活動に学びつつ，デイサービスなどの支援のあり方について考察するものである。
　なお，認知症の若い人において，自分のことについて発言する人が増えている。その当事者の発言そのものが注目されるべきであり，さらにその家族による支援の訴えなど，仔細を問わず傾聴したく思っている。可能な限り当事者それぞれの意向を活かして，主題に迫るつもりである。

2　認知症の告知

　認知症である，という告知は精神科の医師によって行なわれる。その告知に関して，以下に2つの事例を紹介し，「告知」がどのようにされているかについて，まず確認しておきたい。

(1) 認知症の検査と診断

越智須美子さん
　私たち二人が並んで座ると，お医者さんは淡々と，そして躊躇することなく，「アルツハイマーという，脳が硬くなって縮む病気」と簡単に言っ

ただけでした。痴呆はなんとなくわかっていたものの,「アルツハイマー」という病名を耳にしたのは初めてでした。夫は黙ってうつむいて聞いていました。(53歳)

クリスティーン・ブライデンさん
認知症の人の多くは,診断を受けた時,「標準的な痴呆の人生シナリオ」を言い渡される。「完全に痴呆になるまでに五年,それから三年で亡くなるでしょう」──これでは私たちのような痴呆症を持つ者がうつになったり,嘆いたりするのは当たり前だ！ 痴呆症とアルツハイマー病という言葉は,どちらも怖れと不安を引き起こす。(46歳)

　「告知」はガンの場合には,「死」までの時間をどう生きるかに直面する。認知症においては,上記事例にうかがえるように,告知は,自分自身がなくなっていく恐怖を突きつけられる。記憶障害・徘徊・攻撃性などが巷間に伝えられ,漠然とながら治ることのない「病気」としてうわさされているからである。
　さて,医師は患者の病名を確定し,病名の「告知」に至るまでにいくつかの検査を実施しなければならない。診断・検査を通じて得られた情報が「患者」にとって正確に,そして,わかり易く伝えられて,その情報が患者に新たな生活設計を準備させ得るものでなければならない。以下には,医師の北徹に依拠しつつ認知症の診断に関する標準的な手順を示すとともに,それぞれ最小限の説明を付して理解に供したい。一般的には,「告知」に至るまでには,「患者」と対話の機会が持たれているはずである。

①**問診**：誰がどのように困っているかを把握するのが診断と評価の第一歩,とされる。北は,「認知症」の疑いを得たとき,日常生活・社会制度利用,あるいは家族構成や人間関係,介護サポートのキーパーソンなどの展望を得るのが,この「問診」の意義だという。
②**診察**：とくに,「認知症」と疑われやすい症状に関する,つまり神経疾患やうつ病,あるいは,視覚・聴覚障害など他の障害に関するチェックである。

③**血液検査**：とくに，内臓疾患の検査，たとえば甲状腺機能低下症・ビタミン欠乏症などのチェックである。
④**認知機能検査**：(長谷川式簡易知能評価スケール・ミニメンタルテストなど) 脳の「連合野」の働き状況を知るものである。脳のなかの出来事であるので見えない。そこで「検査」を用いてその見えない状況を「もの」化して，見えるようにするのである。
⑤**行動評価法**：「病気」に生じる精神的・感情的，あるいは行動的な面での「異変」を点数化して示すものである（たとえば，DBDスケール）。
⑥**CT・MRI**：これらの検査結果は，脳の「形態画像」を示すものである。具体的には，放射性同位元素を注射したのちに，その放射性元素が脳のどこに分布しているかを断層撮影するのである。それによって脳細胞の細胞死などの状況を図面化できる
⑦**脳脊髄液検査**：脳の脊髄周囲の脳脊髄液を少量採取して，アミロイド蛋白・タウ蛋白という特別な蛋白がどの程度含まれているか測定するものである。

　認知症は記憶障害や認知障害などを引き起こす「脳」の病気である。その点において，重篤なガンや心臓疾患とは異なり，次第に生活上の支障が拡大しつつ，やがて重度になると「寝たきり」の状態に至る。その病状の進行に伴う当事者の混乱は，脳の「海馬」のなかの重大な異変に身体が合わせきれずに，結果としてさまざまな行動の障害として現われるのである。脳のなかの変化と「もの忘れ」症状の出現，その関連は個々人においてさまざまであり得る。

(2) 告知と事例
　検査によって得た診断は，医師の医療行為として患者に告知される。「告知」とは病名を告げるだけではない。もちろん，告知という用語には，「告げ知らせる」という以上の含意はない。ガン患者に，「余命いくばくもありません」というガンの宣告には，いまでも賛否両論がある。だが，認知症の告知に関しては論争にさえもなっていない。ここで，その「告知」のあり方

図表 3-1 当事者への告知の有無

		合計	本人への告知はありました		
			本人に告げられた	本人には告げられなかった	無回答
全体		399 100.0	175 43.9	215 53.9	9 2.3
認知症であるとわかった時期：年	平成 11 年以前	82 100.0	30 36.6	47 57.3	5 6.1
	平成 12〜14 年	74 100.0	35 47.3	38 51.4	1 1.4
	平成 15〜16 年	66 100.0	27 40.9	39 59.1	0 0.0
	平成 17〜18 年	82 100.0	37 45.1	44 53.7	1 1.2
	平成 19〜20 年	61 100.0	30 49.2	31 50.8	0 0.0
	平成 21〜22 年	19 100.0	10 52.6	8 42.1	1 5.3

（出所）　繁田・半田・今井「認知症診療における適切な情報提供と対応—患者と家族の安心と納得を左右する要因—平成 23 年 3 月」首都大学東京機関リポジトリ，8 頁。

を問題視するのは，「アルツハイマーです」と宣告され，途方にくれる当事者や家族たちの悲嘆・絶望的な声が聞こえてくるからである。

　認知症の人とその家族の会の宮永和夫は，「告知」はケアでなければならない，と断言する。宮永は医師でもあり，みずから「告知」を告げる立場にあるだけに，その発言には重みがある。その「告知」に関わる調査結果がある。といっても家族への調査ではあるが，それでも当事者自身の情報が不足している現状では，貴重な調査結果である。

　この調査は 2010 年に実施され，認知症の人を介護する家族に対して，約 1000 人を対象として実施された。それは，「認知症診療の情報提供と対応」に関するアンケート調査である。

　そこで，調査結果のなかからまず当事者への「告知」の有無について辿ってみたい（**図表 3-1**）。

　「告知」とは，認知症の人にとっては，治ることのない病気とつきあって

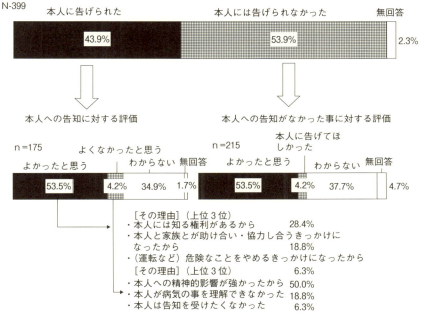

図表 3-2 告知と家族の満足度

（出所）同上，9頁。

生きていく，その道程の始まりなのである。「告知」がこれからの人生を生きていく支えになるために，だから病名の「告知」を超えた患者への医師の「伴走」が期待されるのである。少なくとも，そうした「告知」が患者と医師との基本的な信頼関係の築きでなければならない（図表 3-2）。

3 認知症状の多様性

認知症「告知」のあり様は個々の医師によって異なる。もちろん，当該医師の「告知」如何にかかわらず，当事者の病状は確実に進行していく。「放置しておけばそのうちにうまく収まる」，というわけにはいかない。認知症状の進行に対応する，当事者を支える適切な支援が周到に用意されなければならない。「告知」の際に医師不信におちいる家族も多いが，病院以外での，

図表 3-3　若年認知症者の現況

若年性認知症者数：3万 7800 人（推計）
若年性認知症出現率（18-64 歳）：人口 10 万人あたり 47.6 人（男性 57.8 人，女性 36.7 人）
30 歳以降の出現率：5 歳刻みの人口階層において，1 階層上がるごとにほぼ倍増する。
基礎疾患：脳血管性認知症（39.8%），アルツハイマー病（25.4%），頭部外傷後遺症（7.7%），アルコール性認知症（3.5%），レビー小体型（3.0%）
推定発症年齢平均：51.3＋－9.8 歳（男性 51.1＋－9.8 歳，女性 51.6＋－9.6 歳）

（出所）　櫻井宏充「厚生労働省における若年性認知症施策の概要について」（『職リハネットワーク』No. 68, 2011 年）。

営利目的団体から独立的な「相談」機能の弱さがさらに当事者や家族の悩み・混乱を深くしてしまう。なぜなら，現状では「相談」それ自体がすでに収益事業に組み込まれているからである。

「なぜ私が」「なぜ夫が」，認知症「告知」はそれを聞くものに「受苦」を迫る。だが，認知症の診断は社会的支援を受けるには欠かせない，基本的な道筋である。院内での閉ざされた一室での「告知」は，当事者とその家族以外には知られることはない。「病名」は当事者個々人のみに属するプライバシーだからである。社会的支援を得るには，この「病名」を他者に向けて明かさねばならない。家族はその葛藤のなかで，しばしば，その事態の「放置」に引きずられる。

「なぜ私が」認知症を発症するのか。その問いは体のなかに仕舞い込むほかにない。ここでは，「若年性」に関わらせつつ，認知症状の特性について少し概観しておきたい（**図表 3-3**）。

高齢者数に対する認知症の人の発症率に注目したい。さて，それぞれの年齢階層ごとに，日本とドイツを比較すると，その割合値が極めて近いことに気づく。私には，そのことがとても不思議に思える。日本とドイツとは，ほぼ地球の裏表，飛行機の直行便でも 11～12 時間を要する，いわば遠い国である。気候は湿潤・モンスーン型と乾燥・牧草地型，主食は米に対して小麦，副食は魚肉と豚肉，飲料水源は河川水と地下水，さらに水質は軟水と硬水といったように，生活を構成している諸資源と自然・文化環境はことごとく異なる。それなのに，両国での認知症の発現率は極めて近い。そのことは，文化としての日本とドイツの相違を超えた，つまり，人間としての日本人とドイツ人共通の課題であることを示している。

図表 3-4 認知症を起こすおもな原因と病名

原　因	病名など
神経細胞が死んでいく （神経変性疾患）	アルツハイマー病，ピック病，パーキンソン病，ハンチントン病
脳の血管がつまる・破れる （脳血管障害）	脳血管性痴呆（ビンスワンガー病，多発梗塞性痴呆），もやもや病
病原体の感染 （感染症）	クロイツフェルト－ヤコブ病（狂牛病のウシからや，感染脳硬膜移植によるものも含む），エイズ脳症（痴呆），進行まひ（神経梅毒）
頭を強く打つ・傷を受ける （頭部外傷）	頭部外傷後遺症，慢性硬膜下血腫
神経毒性物質が脳に入る （中毒性障害）	透析痴呆（アルミニウム），鉛中毒，水銀中毒，アルコール性痴呆，コルサコフ症候群（過度の飲酒と栄養障害）
ホルモンの異常 （内分泌障害）	甲状腺機能低下症，アジソン病，下垂体機能低下症
その他	脳腫瘍，正常圧水頭症，鉄欠乏症，てんかん，尿毒症，肝障害，ポルフィリン症

（出所）　黒田洋一郎『アルツハイマー病』岩波書店，1998 年，18 頁。

　認知症ケアに関する日独の共同研究を進めつつ思うことがある。いま日本で，あるいはドイツにおいて，同じ内容のインタビューを実施している自分に気づくのである。人間は，国境や文化的相違に区切られながら，根本的に同じ「人間」であることが自覚できる，と。
　さて，認知症にはアルツハイマー病だけではなく数十種類の認知症状がある。つまり，認知症状を発症させるのは，「原因疾患」と呼ばれている病気であるが，その種類にまとめたのが，**図表 3-4** である。
　「認知症」というくくりかたは，医療・行政側の都合による命名であり，「痴呆症」とその名称変更も同じ理由による。患者として当事者と家族は，「病名」以上の内容のある「告知」を望んでいるのである。たとえば，「アルツハイマー」という名前は，それが「認知症状」のひとつである，と知る人でなければただの「名前」にすぎない。「アルツハイマー」ではなく，「レビー小体病」と告げられても，患者と家族の失望と混乱は同じである。「告知」にあたっては，その病名だけでなく，その症状の特性や今後予想される症状

の進行や，社会的支援に関わる相談機関が紹介されるべきなのである。

　さて，その「アルツハイマー」，ドイツで命名されたその症状について少し辿りたい。今日では，アルツハイマー病は脳血管障害型とともに認知症の双璧といえる。1901年11月25日，フランクフルトの精神病院に女性が入院した。女性の名前は，アウグステ・データー（Auguste Deter）である。記憶障害や見当識障害（どこにいるかわからない），などを訴えていた。そのとき51歳，その4年半後の1906年に「寝たきり」のまま死亡した。

　死因を確認するために，彼女は病理解剖にまわされ，その脳の診断を下したのが医師アロイス・アルツハイマーであった。彼はその女性の症状との原因と思われる脳の神経病理学上の所見を精神医学会に報告した。アルツハイマーの臨床的貢献は，その病気の特徴が脳での「老人斑」や「神経原繊維変化」にあることを脳解剖で示した点にあるという。その後，彼の師クレペリンはその症状を「アルツハイマー病」と命名したのである。1910年のことである[6]。

　あらためて想起されたい。その認知症状の女性は55歳で死亡し，今日では「認知症の若い人」に属するであろうことを。ドイツでは「ドイツ　アルツハイマー協会」と呼称されて活動しているが，「認知症」は，このように若い人の症状を発端としているのであり，高齢期の症状ではなかった。今日，「若年性の人」の活動が区分されず，そこに含まれている。日本では「認知症の人と家族会」が設立されて会員相互の交流や社会的キャンペーン活動を展開し，そのなかに「若年の認知症家族会・彩星（ほし）の会」が2001年9月25日に成立し，個性的な活動を展開している[7]。

　だが，認知症は現在，あるいは近い将来においても全快不可能と思われる。脳に関する医学的な研究に多くの資金を投入しているあいだにも，行き場のない，多くの認知症の人がさまよっている。医療で治せない患者は放置されていいのか。認知症の若い人の居場所づくりに向けた施設の取り組みを紹介しつつ，新たな課題を検証したい。

4　認知症の若い人と社会的支援

　認知症の若い人の多くは現役世代である。つまり，男性であれば夫である

とともにそれ以上に,「父親」の役割が求められている世代なのである。つまり,家族の成熟期を迎え,同時に夫婦の老後を準備する年齢期に当たる。認知症の「告知」はその安定した家族生活を直撃する。それは家族だけで抱えることのできない,しかも予測できず準備できない「直撃」として受けとめられる。

若くて認知症になると

　50歳代後半で認知症状が生じ,61歳で「若年性認知症」と診断される。土木などの仕事を経験してきた。力も強い。夫が深夜に頻繁にポータブルトイレに座る日が続く。ある日,見かねた妻が「もう出ないよ」と声をかけて立ち上がらせようとした。それが怒りに火をつけたのか,すごい血相で向かってきた。とっさに,夫の背後に回りその両脇に手を回した。離せ・離さないの「格闘」の末,2人はへたり込んだ。

> 「自分でなりたくてなった病気じゃないんだよね」。世間からはじかれた
> 悔しさも　毎日の格闘も,笑い話にでもしないとやってけないわ（中略）。
> そして,一首。
> 　　真夜中の　今夜の決め手　はがいじめ,審判なしの　十連勝[8]

　さて,若年期に認知症を発症した人,その発症期後での社会的支援の利用状況について検討しよう。
　社会的支援に関する周知度が低いことが,利用度の低さに関連している。もちろん,その社会的支援を活用することが望ましいのだが,その支援そのものが活用に値するものかは当事者の生活状況如何である。医療保険制度や介護保険制度などとともに,その他の社会的支援を整備・活用できるような訴え,その活動が専門職および当事者の会などセルフヘルプ運動に期待される。
　東京都の調査に依拠しつつ,以下にその要点を整理したい[9]（図表3-5,図表3-6,図表3-7）。
　図表3-5と**図表3-6**では,職場での「診断」後における変化と「若年性認知症」の人に適応可能な社会資源が示されている。一般的にいえば,「診

図表 3-5 若年性認知症への診断後の対応

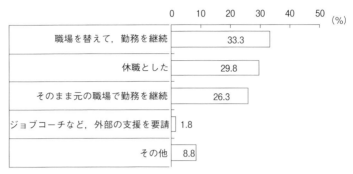

(出所) 小長谷陽子「企業（事業所）における若年認知症の実態と支援への課題」(『職リハネットワーク』 No. 68, 2011 年) 9-14 頁。

図表 3-6　若年性認知症に適応される国の支援策

1. 地域障害者職業センターや障害者就業・生活支援センターでの相談支援，職場適応援助者による支援
2. 精神障害者保健福祉手帳取得後の法定雇用率へのカウント
3. 障害者雇用納付金制度に基づく助成金制度の活用による職場環境の整備
4. 在職中，必要に応じ，移動支援，ホームヘルプ，グループホーム等への障害福祉支援
5. 退職後，就労継続支援事業等の日中活動事業，移動支援，ホームヘルプなど
6. 若年性認知症対応型デイサービス

(出所) 同上。

断」-［休職］-「退職」のルートを余儀なくされるが，その改善こそが課題である。そのためには職場において，「認知症」と診断された人の職務づくりの専門的機能が求められる。さらに，「退職」に至る場合には，「退職」から次の社会資源につなぐ，ここでもソーシャルワークの専門的機能が求められよう。さらに，「認知症」は病状の進行が予測されているので，近在に，「相談」を継続しつつ，当事者の意思に従いつつ，その生活設計に相応しい社会的活動が提案できることが望ましい。

　図表 3-7 から**図表 3-9** は，「認知症」と診断された人における社会資源への認知・利用状況を示している。図表を一瞥して感じるのは，サンプル数が少ないので断定しがたいけれども，まず「認知度」の低さである。そのことは，「診断」された当事者の責務ではない。「認知症」の診断後にどうすべきかを思案しつつ生活する人はいないであろう。むしろ，社会あるいは地域の

図表 3-7　利用していない理由（介護保険）

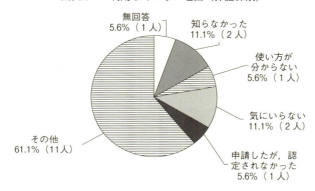

図表 3-8　利用していない理由（障害者自立支援法）

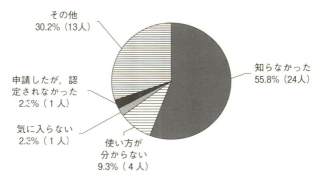

図表 3-9　利用していない理由（その他サービス・支援）

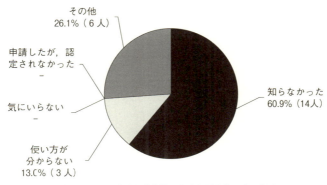

（出所）　図表 3-7 から図表 3-9 まで，東京都若年性認知症生活実態調査の結果。

側の責任が求められる。少なくとも,「相談機関」の機能や所在についての住民,あるいは社員・職員への周知の脆弱さに問題があろう。

5　認知症の若い人へのネットワーク支援

　熊本県荒尾市で,「第一回若年認知症支援者意見交換会」が開催された。会場は「デイサービスわだち製作所」,(以下,「わだち」と略記) 2013 年 5 月 22 日午後 6 時 30 開始,21 時終了の日程で実施された。この会を仕掛けたのは,「わだち」ほか 2 か所の介護施設を運営する西村哲夫（理事長）である。

　参加者は 46 名,職務母体では介護施設・病院・県庁・居宅介護支援事業所,そして地域包括支援センターなどである。参加者数に置きなおすと,地域包括支援センターの職員が全体のおよそ 3 分の 1 を占める。それは主催者側での開催の思惑に大きく依存している。西村がこの会の開催を通じて実現しようとする意図がある。その西村には,非公開での「企画書」があり,そこには「若年認知症」支援の強化を地域連携で進めたいという,趣旨が描かれている。そこに地域包括支援センターの重要性が認識されている。それは今日における支援の弱体という認識に基づくのであり,そこに新たな展望を拓く課題が伏在する。以下に,その 6 項目を引用したい。

　［目的］
1. 若年認知症の方を支援している介護従事者が一同に集まり,日頃の介護の悩みを持ち寄り,共有し合う。
2. 若年認知症の方を支援している介護従事者同士が,課題解決に向けて話し合う。
3. 他の若年認知症を支援している事業所の取り組みを紹介して,日頃の支援の参考にしてもらう。
4. 各地域包括支援センターの職員に若年認知症の方の特有の課題を知ってもらう。
5. 各地域包括支援センターの職員に若年認知症の方への支援のあり方を考えてもらう。
6. 若年認知症の支援事業所を増やす。[10]

6 認知症の若い人と家族

(1) 認知症の親とその子ども

「認知症の人と家族の会」は，当事者活動のひとつとして，さらに支援活動への啓発や提言などの実践においてもよく知られている。その若年者グループとして「若年認知症家族会・彩星の会」がある。全国組織は，「全国若年認知症家族会・支援者連絡協議会」であり，その会に出席した西村は上述の「わだち」会上で資料を複写して配布し，その背景を報告した。資料は認知症の若い人の子どもに向けたものであり，私は初めて，認知症の人の家族の子どもが見えてきたのである。それに関しては，若い時期に認知症を発症した，ということが決定的な意味をもつと思われる。

以下，その配布資料を読みながら私見を述べたい。

その資料は，親の突然の認知症状に直面した子どもの動揺と自責を軽くしたい，とする意図で作成されたものである。それは直接子どもに呼びかけるものであり，親と子の信頼関係をつなぎとめる意思を感じさせるものでもある。資料は2冊のリーフレットで，全18ページ，ひとつは「小学校低学年向け」と明示され，いまひとつはそれより上の年齢層を対象としている。

西村はそれら資料について簡潔に補足した。前者では，親の症状に直面し，自分の行ないのせいと自責する子どもへの影響について，後者では「遺伝性」への危惧を持つ子どもの例が紹介された。そのいずれ対しても，「あなたに伝えたいたいせつなこと―認知症ってなぁに？―」と題されている。ここでは「小学校低学年向け」に絞って，その要点を取り上げてみたい。[11]

> 最近の，パパ（ママ）はなにか変だな？
> 　わすれることがおおいみたい
> 　きゅうに怒りだす
> 　仕事にいかなくなった
> 　いつもボンヤリしてる
> 　（中略）

いうことを聞かなかったり　勉強しなかったから？
　　　（中略）
　　どうして？　ボクのせい？
　　　そうではないよ
　　認知症という　病気なんだよ

　その次には，「病気」は「脳の病気」，「きゅうに怒りだす」のも「病気のせい」，そして「現代の医学では治りません」，と言葉が続く。以上の説明は医学的内容で，6ページを使う。その限りにおいて医師の判断に基づく事実判断と言っていい。その次の頁から4ページにおいては，親に対する子どもへの関わり方が示される。

　親の行動の突然の変化，その変化の受容とともに，家族として共に生きていくことへの励まし，それがメッセージの趣旨であろう。とくに，認知症の若い人は活動的であり，高齢期の人に比べて自分の意思が強い。その症状の特性からすれば，親の意思や活動への支えが重視されるべきである。

　資料では，認知症の若い親は一貫して「医師－患者」に位置づけられ，投薬の対象である。そのことは，たとえば以下のような「親御さんへ」の説明にうかがえる。

1. 薬は病気が進むのを遅らせるために必要なもので，ゆっくり休める様にするためのものです。
2. 病院にはどのくらいの頻度で行くか，子供の生活にどのような影響があるかなどを伝え，分からないことは何度聞いてもいいよと言って下さい[12]。

　せっかくの子ども向けの認知症理解と，親の支えに関するメッセージでありながら，認知症の若い親の「主体性」が見えてこない。親の意思的な生きかたを子どもが支えることが親子をそして社会をむすびつける，と思える。「医師－患者」関係は事実であるとしても「認知症」と診断されても，その人の意思を尊重する，ということが重視されるべきであろう。

7　認知症の若い人と出かける場

(1) 中高年者の死因

　「わだち」の取り組みを紹介しつつ，そしてなお，多くの課題に取り組む必要性について提起したいと思う。「わだち」の試みにおいて高く評価すべき点は，自宅にいる若き認知症の人を「わだち」に引き付ける活動である。

　　高齢者の場合にしても大部分は，きちんと栄養をとって生活していれば，認知症はそんなに進みません。だから，病院なんかに閉じこめておかないほうがいい。むしろ，家で，地域で，社会生活ができているほうがいい[13]。

　認知症は「老い」と深く関わっている。「老い」の過程に「死」が不可避であるが，その死因の資料を一瞥したい。
　図表3-10によれば，近年の死因では，「肺炎」「脳血管」「心不全」そして「老衰」が，際立っている。留意しておきたいのは，「認知症」という死因のないことである。重度化によって「寝たきり」となり，「肺炎」「心不全」などの合併症を発症させて死に至るのである。
　若くして「認知症」と診断されると，その余命は10-15年であるともいわれている。それでも，若い認知症の人には社会的活動の場が提供されるべきである。

(2) 認知症のある人は障害のある人

　認知症のある若い人は，「病気のある人」なのか，あるいは「障害のある人」なのか。この問いは，もちろん高齢者であれ，若い人であれ共通の問いである。ただし，若く，力も意欲も旺盛な人にとっては，「病気の人」なのか，それとも「障害のある人」なのかの相違は大きい。前者は患者なので医療の管理下に置かれている。後者では医療への依存度は低い。医療への依存度の多少は当事者の行動能力の可否に大きく左右される。とはいえ，その行動を支える「能力」について検証すべきであろう。

図表 3-10 中高年者の主要死因(人口 10 万比,1984 年)

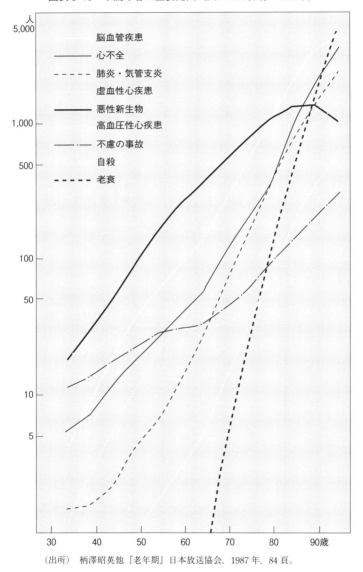

(出所) 柄澤昭英他『老年期』日本放送協会,1987 年,84 頁。

64歳で「アルツハイマー病の疑い」と告知され，その後自営業を閉じ「わだち製作所」に通う男性の，その高い仕事能力について紹介したい。以下，その妻の談話をまとめたものである[14]。

　熊本さん（仮名）は中学を卒業後，家電・工作器具・農機具などを扱う会社に就職する。現在の妻との結婚を期に独立して自営業を営む。熊本さんは，うたた寝や昼寝をしたことのない，仕事一途な職人である。彼は，自宅で使う機器は新品を購入することもなく，リサイクルで修理，魚捕りには自分で考案した道具で魚・蟹・スッポンを捕え，調理し，食卓に飾った。
　妻が，「おかしい」と気づき始めたのは，売上台帳の文字の乱れ，車の運転での離合時の不安定，さらに車のボディを擦るトラブル，などが続いたことである。妻の気持ちは，「認知症なの」「一時的なもの」，そのあいだで揺れていた。
　神経内科で受診。医師は診断後，「認知症です」，と夫婦を前に告知する。と同時に，「車を乗らないこと」「仕事は止めること」，という。それでも，生活があるから，65歳の年金受給までは仕事を続けることにする。次第に，器具の組み立てに時間がかかるようになる。「仕事はしない」，と彼は決める。
　その後，「わだち」を広報誌で知り，「若い人」の出かける場に関心が向く。彼に試みに週1回の通いを勧めるが，1か月後には彼が「回数を増やしたい」という。「わだち」は彼の新しい職場となったのである。彼は親族のキャンプではその「キャンプファイヤー」の準備を取り仕切っていた。「わだち」でのバーベキューも率先して準備する。地区での祭り準備も若い頃からの彼の仕事のひとつであった。
　最近ではその準備をしても，その後の「会合」からは帰宅するようになった。やや難聴，話すこともできなくなってきた。人のあいだで会話が不自由となり，そのことが足を遠のかせるのであろうか。

　熊本さんは，言葉本来の意味において，「百姓」である。「姓」はかばね：血統や家系の由来を示す呼称（『漢語林』）。「百」は数の非常に多いことをさ

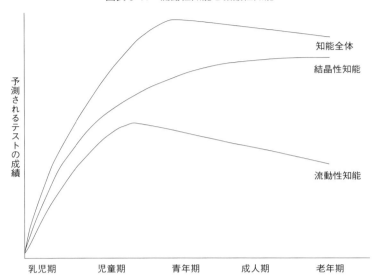

図表 3-11 流動性知能と結晶性知能

(注) 流動性知能と結晶性知能の発達的変化モデル（Horn, 1970 を一部修正）。

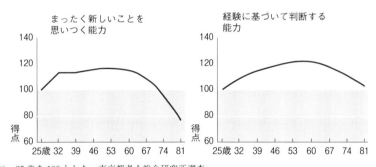

(注) 25 歳を 100 とした。東京都老人総合研究所調査。
(出所)「高齢期を意識した人材育成・能力開発の方向——高齢者のコンピテンシーについて」柄澤昭英他，前掲書，59 頁。

す。「百も承知」というように。そこで，「百姓」とは多くのことのできる家系，あるいはその人を指す。妻は熊本さんを「なんでもできる人」と形容する。

　そこで，「流動性知能」と「結晶性知能」の概念が，その課題へのアプロー

チには適切であるように思える。その概念は，アメリカの心理学者 J. L. ホーンの提唱である。彼によれば，前者は「無から何かを創造する力」，後者は「積み重ねた経験や思索が生む知力」である，という (図表 3-11)。

　上記 2 つの志向においては，より当事者の意思を実現できるのは，「障害のある人」である。そのことは，用語それ自体の問題ではなく，活動に着手できるような担い手に関わることである。

8　認知症の人とセルフヘルプ・グループ

　60 歳以上のドイツ人，その 3 分の 1 が認知症と言われている。この認知症の人の数に，日本の認知症の人の推定値よりも高いが，日本では 65 歳以上の要介護者の 2 分の 1 と推定されている。ドイツではさらに，認知症の人の 60％ 以上がアルツハイマー病という。

　認知症の人は 60 歳以上の高齢者が圧倒的に多い。その点は日本もドイツでも同様である。若年の人が含まれるのも両国に共通している。異なる点は，日本では「若年性認知症」として統計数値が作成され，既述のように，その若年の「当事者」会が形成されていることである。

　「セルフヘルプ」は英語で"selfhelp"，ドイツ語では"Selbsthilfe"と表現する。その用語はもちろん，"Selbst"と"Hilfe"との合成語である。"Selbst"は，他者ではなく「自分自身」という意味が強い。たとえば，「自己決定」は，「自己 (Selbst)」と「決定 (Bestimmung)」との複合語である。したがって，"Selbsthilfe"は，「自分自身で克服する」と解したい。以下では，「セルフヘルプ」と表記したい[15]。また，アメリカでは，1970 年代初めに，元精神病の人によって興され運営・管理されてきた[16]。

　ドイツでに，さまざまな「セルフヘルプ」運動が展開されている。ここでは，「セルフヘルプ」運動のひとつである，ドイツの「アルツハイマー協会」の活動を紹介し，そのなかに「セルフヘルプ」運動の理念が盛り込まれていることに注目したい。

(1) デュッセルドルフ・クライス・メッツマン協会

　この協会は，1987 年に州都のデュッセルドルフ市に創立されたが，ノル

トライン゠ヴェストファレン州における最初のアルツハイマー協会となった。以下にまず概要を列記したい。

目的：この協会は，認知症（Demenz）の人およびその親族（Angehöerige）の状態を改善することにある。具体的には，親族という集団のように，社会的支援の介在・診断や治療の可能性の相談によって，当事者家族や関係者は支援され，そして負担が軽減されるのである。

協会は事務局であるとともに認知症の人やその家族の出会いの場であり，さらに州の「パイロットプロジェクト」として支援されている。

親族への助言：認知症の人を取り巻いている親族や関係者は以下の諸点に留意すべきである。

- あなたは，患者の様態を受け止めなければならない。なぜなら，それがその人にとって妥当なのだから。
- 健康のための能力基準は使わないで。
- 不毛な言い争いや非難は避けましょう，気晴らしをしましょう。
- 簡単で，手短な言葉で，的確に指示しましょう。
- あなたは非言語的に分かり合えることを考えましょう。
- あなたは寛大でありましょう。反発やしっぺ返しには看護休暇をあたえましょう。
- ことあるたびに，時・日・名を採りあげてください。そして，できる限り多くの想い出の助けを提供してください。
- 確かな習慣や簡単なルールはしばしば認知症の人には安全帯であります。したがって，あなたは日々の過程において，確固たること，そして見通せることに心配らねばなりません。
- あなたは残されている能力を見出し，強化しましょう。あなたは能力の過剰な期待をさけましょう。[17]

(2) セルフヘルプ・グループの特徴

「セルフヘルプ」活動，あるいはその社会運動を，「自助」と翻訳するとその実態がわかりにくくなる。さらに，日本の行政が好んで使用するフレイズ，「自助・共助・公助」の表現は，少なくとも「セルフヘルプ」活動を誤訳す

図表 3-12　セルフヘルプ支援組織「KISS（キス）」

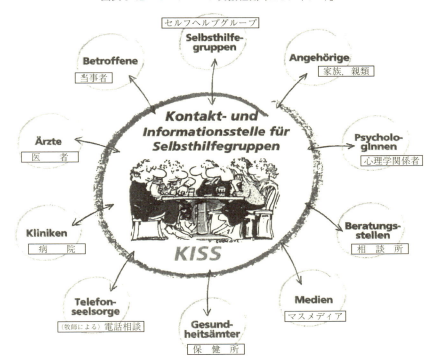

（出所）　中部フランケン地区，Regionalzentrum für Selbsthilfegruppen Mittelfranken e. V. KISS-Kontakt-und Informationsstelle, Nürnmberg, 2002.

ることになる。なぜなら，「セルフヘルプ」活動は支え・支え合う社会活動であり，さらに「セルフヘルプ」会の社会に向けた啓発活動でもあるからである。その点に関しては縷々説明することにしても，「セルフヘルプ」が「自助」としての「自己責任」に矮小化される愚は避けねばならない。

　まず，楽しげな図を紹介しよう（図表3-12）。

　図の中心に円が描かれ，人が楽しげに輪を囲んでいる。円内の下に「KISS」とある。正確には「セルフヘルプ・グループのための出会いとインフォメーションの場」である。円を囲むように，当事者，セルフヘルプ・グループ，親族などさまざまな機関や専門職などが名を連ねている。この「キス」は，社団法人（e. V.）であり，その公式名称は「セルフヘルプ・グループ地域

センター・中部フランケン」という。つまり，「キス」はセルフヘルプ活動を推進・支援する民間非営利団体なのである。ちなみに，「中部フランケン」とは，バイエルン州南部，ニュルンベルク市を囲む地域を指している。

　ここで，その活動内容や，組織方針，さらにその活動の社会的意義について検討してみたい。[18]

　「セルフヘルプ」という組織や活動に関してはよく知られている。たとえば「認知症の人と家族の会」を想起されるとわかりやすいのだが，留意すべきことは，その「セルフヘルプ」活動は孤立的ではなく，他のグループとも連携を維持しつつ活動している点である。本節の冒頭に**図表 3-12** を掲げたのは，「セルフヘルプ」活動がさまざまな活動主体とともに，社会的活動を形成し，その一環を担っていることを喚起したいがためである。この点については後に再論したい。

　そこで，「キス」発行の資料を使って活動の紹介を進めたい。

あなたのためのチャンス

　人は共同すると多くを得ます。そのことは，セルフヘルプ・グループを起こし，あるいはできている会に加わると，だれでもがわかることです。

　　・解決を目指します。
　　・新たな道を探し，
　　・もはやひとりではありません。

ひとつのセルフヘルプ・グループで協働することが，ほとんどすべての困難ごと，あるいはほとんどの厳しい生活状況の際に役に立ちます。

　　・絶え間ない心理的あるいは社会的な負担感
　　・健康上の諸問題
　　・困難時，たとえばパートナー，家族あるいは職場での人間関係
　　・厳しい生活局面での諸問題

セルフヘルプ・グループへの参加にとっての唯一の前提は，意思がアクテイブであること，そして自分自身で（für sich selbst）なにかを為すこと，これです。

　　・だれでもが，セルフヘルプ・グループに加われます。
　　・だれもが主導権を得て，グループを起こせます。[19]

図表3-13　420以上のグループのテーマ

- 一般的な生活問題（たとえば，不安・介護する親族・悲嘆など）
- 依存性問題（アルコール・薬物・摂食障害など）
- 女性／男性（さまざまなテーマでのおしゃべりコースなど）
- 両親（たとえば，自己学習・異父母・親の困窮など）
- 障害（障害のある人グループとともに個別の障害のある人のグループ）
- 皮膚の病気（たとえば，神経皮膚炎・強皮症など）
- 内部障害（たとえば，アレルギー・喘息・エイズ・糖尿病など）
- 腫瘍疾患（たとえば，乳がんなどの女性のガン・胃切除など）
- 神経学的疾患（たとえば，癲癇症・多発性硬化症など）

（出所）　同上より作成。

「セルフヘルプ・グループは，あなたのためにあります」，上記はその情報提供である。その活動はドイツのそれぞれの市や村において知られ，その所在について知らない人はいないであろう。だが，日本では知られることのほうが少ない。次にはセルフヘルプ・グループの種類について紹介したい（**図表3-13**）。

2000年のデータによれば，445グループでの「生活問題領域」と「病気領域」との割合は，前者が260件（58.4%），後者が185件（41.6%）であった。「病気領域」に認知症の人とその家族も含まれるのだが，セルフヘルプ・グループの過半が「病気領域」であることに驚く。ドイツでの医師の診断において，たとえば「認知症」の若い人の場合にはセルフヘルプ・グループを紹介するという。医療で治せない，就労につなぎにくい，という場合には，医師は患者にセルフヘルプ・グループを紹介するのだという。

さて，ここで「セルフヘルプ・グループ」とはなにか，という問いに応えねばならない。

> セルフヘルプ・グループはひとつの集団（Gemeinschaft）である。つまり，共通の，ないしは似たような問題あるいは困難ごとを有し，そしてその取組と克服のために定期的に集まれる人びとの集まりである。
>
> セルフヘルプ・グループは，自分自身で（selbst），あるいは親族として関わる人がリーダーとなり，同じような問題を有する他の人が，共に

求める場合にのみ，成立するのである。セルフヘルプ・グループは，専門職（Fachleuten）によっては提案されず，もっぱら当事者（Betroffenen）によって設立され，組織されるのである。

　趣旨は明快であり，とくに説明を要しない。用語上の点について少し注釈したい。それはGemeinschaftについてである。社会学に造詣の深い人には，Gemeinschaft（ゲマインシャフト）とGesellschaft（ゲゼルシャフト）という対立概念によって社会集団を区分した，ドイツの社会学者テンニースを想起されるであろう。ここではGemeinschaftは「集団」と訳した。その所以は以下の通りである。Gemeinschaftは英語ではcommunity, Gesellschaftはsociety，あるいはclubである。対比的に言えば，前者はより直接的・地域性，後者はより形式的・抽象性を特徴とする。ここでは，比較的小規模・地域の人びと・利害の一致の意を表すために，「共同体」ではなく，「集団」の訳語を選択した[20]。

　セルフヘルプ・グループは，自分自身の問題や困難ごとを，同じそうした悩みを抱える人とともに共有する，いわゆる「当事者」による活動・運動である。その趣旨に基づく組織化による集団である。そこに「ルール」がある。それは，日本の障害のある人の当事者活動において，自ら律するルールを持つのと同様である。その「重要原則」は以下10項目にわたり，日本の現状にも示唆深いので少し詳しく書き留めたい。

　①当事者主義（Selbstbetroffenheit）
　　まずはそれぞれが，他者を助けるためにではなく，自分の意思に向かってグループに加入します。
　②自発性（Freiwilligkeit）
　　セルフヘルプグループへの参加は，自由意思による，自己責任の決断です。
　③守秘義務（Verschwiegenheit）
　　グループに関わって得たすべてのことは，グループ内に留めねばなりません。
　④同じ権利／同じ責任（Gleichberechtigung/gleiche Verantwortung）

グループのすべての参加者には同じ権利があり，サービスする人はいません。これは，セルフヘルプ・グループの重要な特徴のひとつであり，グループ参加者のそれぞれの自己認識に深く刻まれているはずです。

⑤自己決定（Selbstbestimmung）
セルフヘルプ・グループの自律性（Autonomie）は，どのような場に直面しても，その独立性は揺らぐことはありません。グループのみが，自己の目的と活動内容を決めます。

⑥拘束性（Verbindlichkeit）
グループに参加することは，グループのメンバーすべてにとって融和的でなければいけません。もしも参加が妨害されるならば，その人は他のメンバーにそのことについての情報を提供すべきであります。

⑦時間厳守（Pünktlichkeit）
グループの会合は，いつも決められた時間通りに開始されなければならない。グループのメンバーすべてが決められた時間に現れることを，当然とすべきです。遅れてきた人はグループの会合の進行を著しく妨害するのですから。

⑧参加無料（Kostenlosigkeit）
参加は無料です。（なお，以下のものは除きます：支援費，会場費あるいは資料費）

⑨食と飲料（Essen und Trinken）
グループの会合中に喫煙も食事もできません。それが，自制力と集中力を弱めるからです。グループは，その代わりに小休憩を挟むことができます。

⑩グループからの離反（Verlassen der Gruppe）
一般的に言うと，ある程度の経験の後に初めて，グループは充実しているかそうでないかが判断できます。

　これ以上参加しないと決めると，そのことはグループで個人的に伝えられるべきで，グループの他のメンバーを介して伝えられるべきではないのです。こうした手順によって，グループは脱退に関する悩みを軽くすることができます。

図表 3-14　一週間の計画

	午前	午後
月曜日	買い物	エルゴセラピー
火曜日	自由活動	手洗い
水曜日	買い物	体操・水泳
木曜日	理美容	友人の訪問
金曜日	女医	セルフヘルプ・グループ
土曜日	買い物	娘の訪問
日曜日	教会	来客

（出所）Alzheimer-Gesellschaft Berlin e. V. "Alzheimer-was kann ich tun," 2010, S. 13.

　また，もしかしての衝突が起きることを避けることができます。これ以上参加したくない，とグループのメンバーが決めた場合には，そのことはすべての人によって受け入れられねばなりません。セルフヘルプグループへの参加を，だれであっても説得させることはできないのです[21]。

　なお，セルフヘルプ・グループに関する2つの論点について補足したい。ひとつは，認知症の若い人の生活においてこのグループ活動はどういう位置を占めているのか。いまひとつは，社会的支援における，いわゆる「補完性の原則（Subsidiarität）」との関係である。生活のなかの「グループ活動」については，「一週間の計画」としてモデルが示されている。以下に掲げてみたい（図表 3-14）。

　一週間の日課を目で追っていくと，この日課のどこが「認知症の人」の日課なのか，訝しい気持ちにとらわれる。とくに，「体操」「水泳」についてである。もちろん，その日課は当事者の好みであろうから，私が心配することではない。念のために補足すれば，この日課は認知症の人の日課であり，その「若い人」に特定されてはいない。「日課」の効用については概ね次のように説明されている。

　まず，認知症の発症によって「自己の主導性」が失われたこと，その認識を共有したうえで，「決まりきったことをすることに慣れましょう」と呼びかける。慣れることで，「自信」と「自立」を感じられるでしょう。その計

画を用紙に書き込むか，大きなカレンダーに書き入れるか，このプログラムを維持できるように試みましょう，と呼びかける。

　職業生活は時計的時間を刻むことで，業務を達成している。あるいは，時計的時間を「日課」として自己の生活に同一視し，その達成度を充実度とも解釈している。「認知症」の発症はそうした時計的時間から解放された，人間的時間の満喫を意味するではないのか。だが，この「計画」はあらためて，その「計画」の実行においてなお，失われつつある「自己」を確証しようとしているように思える。ドイツではそうした生活が望ましい生活として支持されているからである。

　いまひとつ，「補完性の原理」に関することがある。これは，「補充性」「補足性」とも訳されている。なお，生活保護法が「補足性」の用語を使用しているので，それと区別するために，ここでは「補完性」の訳語とする。今日の連邦国家において採用されている社会保障における基本原則（Prinzip）のひとつである。周知のことではあるが，その基本的な表現をあらためて引いておこう。

　　　連邦共和国の社会保障体系を特徴づけるような社会倫理的価値観として，連帯性と補完性の原則を挙げることができる[22]。

この原理については，教皇ピオ11世の回勅（1931年）に遡る。その意図は以下の通りである。

　　　人間は何よりも自分自身について責任を負うべき存在であり，社会の援助は個人が自らの力で援助なしえない時のみに限るべきである（中略）。個人がなしうる課題を奪う社会はそれによってその人の自己発展を妨げるからである[23]。

この補完性の原理は「個人」と「社会」というカテゴリーによって組み立てられている。国家および社会の官僚制化のなかにおいて，その動向に対抗しつつこの原理は展開されている。

分配を人間的にしようとするならば，大組織では無理なのである。大組織では，匿名化，平均化あるいは誤用といったことが生じやすい。補完性ということから，連帯は小さな共同体が中心の話になる。小さな共同体の方が，明らかに，官僚機構よりも効果的かつ確実だからである。[24]

9　むすびに

活動（英 activities，独 Aktivitäten）は，人びとのなかに現われることである。現われはまた言語を伴っている。あるいは，言語の表出がなければ非言語による，たとえば身体の所作による表現がある。認知症の若い人には活動への潜在的な可能性がある。それは「できる」という判断なのだが，「している」という状況とのあいだには，なお境界がある。ともあれ，認知症の若い人，その中でも活動的なクリスティーン・ブライデンの発言に傾聴しよう。

> 1998年に私のことを聞いてくださいとアルツハイマー協会のドアをたたいたのです。介護者の言うことではなく，私たち本人に聞いてくださいと強く主張したのです。[25]

その「語り」に耳を傾ければ，なるほどそうだ，と納得できる。だが，日常世界においては「当事者の語り」を傾聴する，という状況にはない。「できる」けれども「している」わけではない。「できる」という認識から「している」という状況をつなぐ活動が必要とされるのである。そこに，セルフヘルプ・グループという社会的活動の「始め」をリードするソーシャルワークの活動が不可欠である。

その活動内容における重点目標が表現された一文を，以下に紹介したい。

> 多くのグループがメディアを通して公共性に向き合っている。その願いを気づかせるために，そしてその利害をより効果的に代表するために，である。[26]

さて，本章をかえりみて，重要な課題は，認知症の若い人がその発症とともに病欠・休職・退職を余儀なくさせられることにある。老齢年金がわずかなりとも保障される認知症高齢者と比較する時，その収入のの手立ては極めて重大な意味をもつのである。認知症の早期発見が必要というのは，同時に，障害年金の受給請求が重要という意味においてである。また，症状において可能な限り，当事者の希望する限り通いなれた職場での雇用継続が強く望まれる。

　事例をうかがう限りにおいて，それでも就労の機会を得る人は少ない。一般的には，職場は労働者が適応すべきよう設えられており，逆に労働者の力能や体力，また性差・年齢・性情などに合わせて職場は築かれていない。労働は人間的生命の根源的な欲求に促され，不可避であると解釈され，それがゆえにその労苦は受苦すべきと教えられる。労働社会での労働の価値は，宗教改革以降の宗教的意味の転回で確立し，さらに産業革命の過程において「働かざるもの食うべからず」の観念は浸透した。労働せざるものは鞭打たれる浮浪者，それが救貧法の精神でもあった。労働に基づく社会形成が人間の全生活を労働過程に組み込み，やがて教育・仕事・芸術などを労働世界に包み込むのである。就労のための教育・仕事・芸術目的であるという次第である。

　その労働を唯一の価値とする，いわば「労働社会」は認知症の人をも一律に包み込む。そこで，就労への教育やリハビリテーションが支援の前面に押し出される。「若年性認知症への就労支援」については，上述した。その重大性にもかかわらず，だがそれとともに「活動」が重要である，それが私の主意である。「わだち」流「デイサービス」，ドイツ流「セルフヘルプ・グループ」，その事例は「活動」の内実を膨らませるためにおいた仕組みである。そこでその両者の相違を示しながら，「活動」をより意義豊かに認識したい（図表3-15）。

　「わだち」のデイサービスは，介護保険給付としての「サービス」受給者に比べると自主的な活動に近接している。本章では，「わだち」をその象徴的事例として取り上げ，同時に日本ではまだ少ない，セルフヘルプ・グループの活動をかなり詳細に取り上げた。それは，認知症の人とともに，障害にある人，医療では治せない人などにとって，社会的生活のための不可欠な条件に思えるのである。

図表3-15 デイサービスとセルフヘルプ・グループ

デイサービス	セルフヘルプ・グループ
計画化された活動	自主的な活動
介護保険給付としての活動	セルフヘルプ・グループ内の活動
施設内の活動に限定される	グループ活動にルールがある
介護保険料の納付が不可欠	グループのルール遵守が不可欠

(出所) 筆者作成。

　なお，重要な課題について触れておきたい。認知症のある若い人への配慮と支援のソーシャルワークの意義についてである。身近には，「宅老所よりあい」(福岡市)の社会福祉士，下村恵美子の支援が注目される。その事例は就学中の子どもを育む最中の母親，その50歳代での認知症の発症である[27]。

　当事者は認知症の告知にすっかり動転して我を失い，家事はもっぱら母の仕事であるので夫や2人の子どもたちも明日からの生活の行方に指針が見出せずにいた。下村は，子どもからの相談を受けて支援に乗り出すのである。下村の支援母体は，デイサービスの「よりあい」である。だが，この「よりあい」は高齢者，しかも重度の認知症の人たちの集いの場である。若い女性が通うには無理がある。当事者はクリスチャンで，「聖歌」を得意としている，と知る。そこで下村は一計を案じる。下村は当事者に，「よりあい」で聖歌を歌ってもらえないか，とお願いする。つまり，「よりあい」での「聖歌」のボランティア活動への促しである。

　当事者はそのボランティア活動によって外出する機会を得て，さらに「活動」が下村というソーシャルワーカーの支援に結びついたのである。こうして当事者の家族は，その認知症状の進行を予測しつつ，下村の支援を期待できる環境を得たことになる。子どもたちは交代で母を「よりあい」に送迎し続ける。その母は家事等の不調が現われながらも，「よりあい」で他者の役に立てることで，当事者として社会的に生きる途をつかんだのかもしれない。

　このソーシャルワークは，サービスを受けることへの支援ではなく，サービスを提供する側に立つことを支えたのである。やがて，当事者は子どもたちの送迎が不可能となるとともに，症状の進行も重なってサービスを受ける側に回るが，その旋回にもソーシャルワーカーの支援が必要にされた

のである。

1) 越智須美子・越智俊二『あなたが認知症になったから。あなたが認知症にならなかったら。』中央法規出版，2009年，59-60頁。
2) クリスティーン・ブライデン『私は私になっていく』クリエイツかもがわ，2005年，119頁。
3) 北徹編『もの忘れ外来』岩波書店，2002年，51-99頁。
4) 宮永和夫監修「ネバーギブアップ若年認知症」『若年認知症とは何か』筒井書房，2005年，176-186頁。
5) 繁田・半田・今井「認知症診療における適切な情報提供と対応──患者と家族の安心と納得を左右する要因──平成23年3月」首都大学東京機関リポジトリ。
6) 黒田洋一郎『アルツハイマー病』岩波書店，1998年，2-6頁。
7) 宮永和夫監修，前掲書，102-119頁。
8) 信濃毎日新聞取材班『認知症と長寿社会──笑顔のままで』講談社，2010年，33-35頁。
9) 「東京都若年性認知症生活実態調査の結果（概要）」2009年（http://www.fukushi-hoken.metro.tokyo.jp　2013年6月20日）。
10) 西村雪夫「若年認知症支援者の意見交換会企画書」未定稿，2013年5月22日。
11) 特定非営利活動法人若年認知症サポートセンター『あなたに伝えたいこと』2013年。
12) 同上，12頁。
13) 宮永和夫監修，前掲書，21頁。
14) 2013年8月5日，当事者の妻をその自宅にてインタビュー。
15) 山田晟『ドイツ法律用語辞典　改定増補版』大学書林，1993年。Selbsthilfe の起源は，Schultze-Delitzsch, Hermann による1850年の信用組合の設立によると思われる。ちなみに，彼は，Selbsthilfe und Selbstverwaltung（セルフヘルプと自己管理）をその精神とした。なお，「セルフヘルプ」を日本に導入したのは，中村正直の『西国立志編』（1870年）の幕末での刊行であり，ベストセラーとなる。原典は，Samuel Smiles, *Self-Help*（1859年）の出版，これもベストセラーであったという。
16) ジュディ・チェンバリン「ユーザー運営のセルフヘルプ・プログラム」「精神障害者の主張」編集委員会『精神障害者の主張──世界会議の場から』解放出版社，1994年。
17) Alzheimer-Gesellschaft Düsseldorf & Kreis Mettmann e. V. "Beratung, Information und Hilfe für Betroffene und Angehörige".

18) Regionalzentrum für Selbsthilfegruppen Mittelfrannken e. V. KISS-Kontakt- und Informationsstelle, Nürnberg, 2000.
19) 同上。
20) R. ウィリアムズ『キーワード辞典』晶文社，1980 年，87－89 頁。
21) 注 17）に同じ。
22) 大西建夫編『現代のドイツ——社会保障』三修社，1982 年，30－31 頁，訳文一部変更。
23) Bundesministerium für Arbeit und Sozialordnung（Hrsg.）, *Übersicht über das Sozialrecht*, 1995, S. 30.（ドイツ連邦労働社会省『ドイツ社会保障総覧』ドイツ研究会訳，ぎょうせい，1993 年，6 頁）。
24) ドイツ連邦労働社会省『ドイツ社会保障総覧』ドイツ研究会訳，ぎょうせい，1993 年，6 頁。
25) クリスティーン・ブライデン，前掲書，201 頁。
26) Regionalzentrum für Selbsthilfegruppen mittelfranken e. V.（Hrsg.）, *Selbsthilfeführer Mittelfranken*, 2001, S. 13.
27) 豊田謙二・黒木邦弘『「宅老所よりあい」解体新書』雲母書房，2009 年，40－44 頁を参照。

* 本章は「認知症の若い人における就労と活動」（『総合科学』第 20 巻第 1・2 号，2014 年 6 月）に加筆・修正したものである。

第4章
認知症ケアと介護保険

1 はじめに

　「認知症」という用語が使われ始めたのは，2004年12月，厚生労働省の提唱からである。それ以降，もちろん，法律および官庁の文書は統一されるのだが，それ以外のメディアや研究書などでも徹底されている。その徹底ぶりはまことに見事，というほかにない。

　「認知症」に先行していたのは，「痴呆症」あるいは「ボケ」の用語である。そのいずれもが，「差別的である」，と批判されていたからである。その用語の変更にあたっては，専門職だけでなく国民に広く意見が求められている。「痴呆症」から「認知症」への変更，その名称は診断に際しての「認知症」機能の障害に注目してのことであるように思える。ただし，「ボケ」は古来より，市井（しせい）のうちで日常的に使用されてきた言葉である。

　それに対して，「痴呆」の用語は明治維新以降における欧米の医学書の翻訳に負うであろう。当時の「老耄狂（ろうもう）」「老人痴狂」あるいは「老耄痴狂 (dementia senilis)」の翻訳語の定着は，精神病として「医学的管理のもとにおかれると同時に，路上を徘徊することを認めない警察の管理下におかれ，家族による保護が強制され，癲狂院への入院も視野に入れられること」[1]，を意味す

るようになるのである。

　「痴呆」という用語の差別性は用語そのものから生まれたのではなく，明治期以降における近代科学のもたらした医療的管理と治安的発想，その歴史そのものなのである。

　つまり，医療に関わるその言葉が一般に流通するあいだに，「管理」「治安」の共通感覚が付着してきたのであろう。それに対して「ボケ」，そしてその先行的用語「ほけ」については，『岩波古語辞典』においては以下のように説明されている。

　　緊張がゆるんでぼんやりする。ぼける。耄碌（もうろく）する。
　　「いとどほけられて，昼は日一日眠（い）をのみ寝くらし」（源氏明石）

『源氏物語』において，その他の用例がある。たとえば，「今はこよなきほけ人」（若菜上），「年の数つもりほけたりける人」（竹河），などである。その「ほけ」は，公家の文化における美意識に同調しないものとして，蔑視され忌避されている。「老い」への恐れや不安の表われであろうか。その用語は江戸期に伝えられる。近世中期の『倭訓栞（わくんのしおり）』によれば，「ほけほけしき」とは，「耆をおいぼれと訓るは老ほるるなり。ほるるはほげるにて，心のいく方なくちりたるをいふ」のことである。

　江戸期では，長寿が美徳であり長老はその美徳を体現するもの，したがって，「ぼけ」は祖霊神に近づくとされる。だが，「老耄（ろうもう）」の人や「癲狂（てんきょう）」の人などの「不穏な行動」に対して，その扶養は家族の負うべき責務とされている。「座敷牢」に閉じ込めることも不思議ではないのである。以下はその様を描く。

　　中ニテ座シテ居ルルホドノ箱ヲコシラヘテ，其中ヘ入ヲクベシ。勿論手足ノ自由ニ働カサレヌホドニシテ，前ヘ小キ窓ヲアケ，其ヨリ食事ナドアテガイ，下ノ処ヨリ大小便ヲ取捨ル

　その「屋敷牢」を是認する延長上に明治維新があり，医学が，そしてそれを合法化する法律が導入される。現状を肯定し，合理的に正当化できるもの，

そして理解可能な範囲において取捨選択しつつ，かの欧米文化が取り込まれていくのである。それが求めるべき「西欧像」であり，明治期を覆う「近代」の像である。もちろん，欧米文化が常に普遍妥当的であるわけでない。欧米文化の受容は今日においても継続されている。ただし，その受容側においてその受容にあたって取捨選択が行なわれてきた，という点が重要である。しかもその受容にあたっては，理解でき，受け入れ可能なものだけが導入されるのは当然のなりゆきである。したがって，欧米文化の意義が問われる場合には，受容にあたってなにが受容され，拒否されたのはなにか，その取捨選択の基準，などが多少なりとも主題化されるべきであろう。

「主題化」と大上段に振りかざしたものの，本章では，とくに「認知症」の人への支援をめぐる課題に的を絞りつつ，認知症の人への「ケア」に関する日本とドイツとの対比を行ないつつ，その視点において両国に共通な介護保険制度への評価を試みてみたい。

2　認知症ケアの強化と介護保険

認知症の人について，その法制度的な，つまり家族的あるいは地域的な支え，というだけではなく，少なくとも文章に落とした，ある程度明確な方針が示されるのは，それほど古い話ではない。それは，1986 (昭和62) 年に「痴呆性老人対策推進本部」が厚生省に設けられたことが転機であると思われる。その翌年の 1987 年，「特別養護老人ホームの措置費における痴呆性老人加算」が創設される。だが，遅きに失するというべきか。すでに，住民のあいだでは「痴呆症」は重大な社会問題化していたのである。有吉佐和子の作品『恍惚の人』は 1972 年の公刊であり，1980 年 1 月には当事者の会，つまり「呆け老人をかかえる家族の会」が京都市において結成されている。認知症状やそのケアについての準備のない人が，しかも家族で長期の世話を抱えることの不憫さが，新聞紙上などメディアなどで取り上げられ続けてきたのである。

ところで，巷間に言う認知症ケアの難しさとはなにを指すのだろうか，あるいはどういうことが問題視されているのだろうか。それら諸点を探るために，まずは関連する事例に注目することにしたい。

(1) 日本の事例

　以下に採りあげる事例に関して少し説明を要する。まず、その事例は「地域包括センター」において「認知症の人の虐待」、したがって「困難事例」とされたものである。それだけに検討に値するものであり、そこに含められている「困難性」について丁寧な検証が不可欠であると思われる。[5]

　　長女・次女・長男という3人の子どもに恵まれた、その両親が2人とも80歳代に入り、認知症と診断されている。
　　トラブル1：両親は認知症グループホームに入所している。その入所は、近くに住む長女が、介護保険の申請とともに手配したものである。見舞いに帰省した次女は、母の「帰りたい」の言葉に動かされ、半ば「強制的」に両親2人を退所させる。
　　トラブル2：両親は帰宅後、日常生活の継続を破綻させる。担当ケアマネージャーは次女に両親の介護・支援を依頼、だが次女は拒否。そこで、ケアマネージャーが地域包括支援センターに相談。介護保険サービスの利用や地域の公的サービスの活用が提案され、3度の食事・排泄・入浴状況が改善される。
　　トラブル3：夫の認知症状が重度化。「ケースケア会議」では、夫のグループホーム再入所が決定。同時に、成年後見制度の申請を次女の同意のもとで進める。妻の動揺は大きく、妻もグループホーム再入所となる。

　上記の事例に関して論点とされるべきこと、さらに後論につなぐためにも、以下の3点を挙げてみたい。

　①認知症のある人が自宅で住み続けることは、パートナーだけで支えるのは難しい。「認知症状」に関しては、記憶障害など症状の多様性や認知症の進行などについて啓発が進んでいる。それにしても、世話・介護の期間が症状の急変に応じつつ、長期に及ぶことは避けがたい。現役世代がその任を引き受けるには、退職を余儀なくされ、収入減や

介護者自身の老後の設計を破綻させることもメディア等で紹介されているところである。(第2章参照)
② 認知症グループホームが介護保険サービスのひとつに位置づけられたことは，認知症の人とその家族にとって朗報である。このグループホームは，介護保険法において「認知症対応型共同生活介護」と呼ばれるものである。その特性は，認知症の利用者とスタッフとの共同生活にあり，形態は「ユニットケア」という小規模である。それは 2005 年の介護保険制度改正に伴うものである。
③ 地域包括支援センターが介護保険事業として設置されるが，3 専門職による相談・援助機能の意義は大きい。その「センター」の設置は，②と同様に 2005 年の改正によるものであり，「介護予防」の強化というコンセプトのもとで導入されたものである。

　認知症ケアの強化という点において，2005 年の介護保険制度改正は重要な意義を有する。その一端は上記に紹介した通りであるが，その他，とくに認知症ケアに関する改正事項について少し説明を加えたい。
　介護保険法の施行は，日本では 2000 年，先行するドイツにおいては居宅・通所サービスが 1995 年に開始され，翌 1996 年には施設・入所サービスが始まる。いずれの国においても，介護保障に直面するにあたって税方式でなく，社会保険方式が採用された。日本はドイツをモデルにすると言いながら，結果的には，その制度の理念や基本的な枠組みにおいてはまことに似て非なるものである。
　両国においては，それぞれが法の施行後において重要な改革を経験している。日本では「2005 年介護保険改正」，ドイツでは「2008 介護改革」，さらに「2012 年介護改革」が重要な意義を有している。それら両国の改革はいずれも認知症ケアに深く関わっており，ここでも認知症ケアに注目しながら，順にそれぞれの改革概要を一瞥しつつ，問題とされた点を拾い，さらにその問題点の開示と検討に立ち入りたい。

(2) 2005 年介護保険改正（日本）
　この改正に，介護保険法附則 2 条の「施行五年後目途に全般に関して見直

し」に基づくものである。その改正の要諦を以下5点において列記したい。

①新予防給付の創設：要介護度の上昇を抑制するための，新たな予防的な介護サービス制度。要支援1に加えて要介護1の多くを要支援2として，新たに「予防給付」の対象とする。
②地域支援事業の創設：要支援・要介護になる前の予防重視のために地域に事業として新設
③地域包括支援センターの新設：市区町村の介護保険事業計画において，地域支援事業の拠点と位置づけられる。
④施設居住費・食費の自己負担化：施設入所者に対して新たに住居費と食費が自己負担とされる。
⑤地域密着型サービスの新設：居宅サービス，施設サービス，それに加えて地域密着型サービスが新設される。とくに，認知症の人への支援の一環として位置づけられる。

まず「地域密着型サービス」（「介護保険法」第8条）について。先に挙げた「認知症対応型共同生活介護」（以下，「グループホーム」と略記）はこの項目に属している。グループホームのほかに，「小規模多機能型居宅介護」「認知症対応型通所介護」「夜間対応型訪問介護」「小規模介護老人福祉施設」「小規模介護専用型特定施設」が含まれている。

この「地域密着型」における「地域」とは，「市町村が指定・監督を行なうサービス」を意味している。したがって，利用者は当該市町村の被保険者に限定されるが，市町村はその必要整備量を計画的に定め，さらに計画に則して基準や報酬を設定することができる[6]。この6つのサービス類型において，比較的利用者の多いのは「小規模多機能型居宅介護」と「グループホーム」である。いずれも認知症対応型であるが，前者が「通所」，後者は「入居」である点で異なる。そこでグループホームについてである[7]。

グループホーム
ここに言う「介護」とは，法では以下のように言う。

入浴，排せつ，食事等の介護その他の日常生活上の世話及び機能訓練を
　　行うこと（「介護保険法」第8条19）

　認知症ケアにおける先駆的な試みを示してきたのは，このグループホームであり，その居住形態としての「ユニットケア」においてである。[8]

　　① 2002年，個室・ユニット化の施設整備に対応した国庫補助
　　② 2003年，「小規模生活単位型特別養護老人ホーム」の指定基準・介護報酬の創設
　　③ 2003年，厚生労働省「ユニットケア研修事業」の創設

　「ユニットケア」の用語は導入語であるにしても，その基本的な内容は，日本の介護現場においてもすでに新たなケアのあり方として模索されていたのである。福島県の特別養護老人ホーム「シオンの園」が1996年にユニットケアを取り込んだが，その施設長・武田和典の話である。

　　ユニットケアで大事なのは，現場の職員への権限移譲だということを，先ほど言いましたが，職員がやる気をもつためには，目の前の状況に対して，職員がこういうことをやっていきたいと言ってきたことを，組織やトップがどれだけ支援できるかということが重要なんです。（中略）ユニットケアというのは今一つの制度になっていますが，元々は法律違反をしているところから始まったわけですよ。[9]

　介護現場の課題が発見され，その解決も現場での取り組み，そのことを立証するような回顧談である。さて，ユニットケアの推進に重大な，しかも実証研究を通じながら提唱した外山義のユニットケアの礼賛は衝撃的でさえあった。外山は7年間のスウェーデン留学後，東北大学・京都大学において高齢者施設での住居革命を展開した。スウェーデンでは，居住空間が社会福祉の対象として，社会的支援の対象とされている。それ故に，「在宅」での社会的支援が高い質を確保できるのである。
　外山は介護施設での生活環境，つまり住環境に異議を唱えた。その異議は，

老人ホームにおける細かな実証的調査に依拠しているがために，極めて説得的である。その調査結果は以下のようにまとめられるであろう。老人ホームでは，1室に4-6名などと高齢者が，狭い部屋に「詰め込まれて」いる。このような現況は，老人福祉法の制定以来，老人ホームが「保護・収容」という役割に甘んじていたためでもある。その入所高齢者の行動形態に注目し，昼夜の高齢者どうしの関係を数値化した。結果は，相互の期待された会話は証明できずお互いの反目のみが実証されたのである。外山は，その結果を基に，ユニットは生活単位の基本としてその意義あり，と明示したのである。

> ユニットケアが動き出すと，やがて利用者は「個人」となり，さまざまなところで「出来事」がおこってくる。すると，いままで半信半疑だったスタッフも「こういうことだったのか！」と感動して，言葉の本当の意味を獲得していくことがよくある。[10]

外山は，特別養護老人ホームでのすし詰め居住環境を問題視したのだが，それは「住む」ということと「生活」との関連として課題化しなければならないことである。したがって，「ユニットケア」の導入においてとくに重視されるのは，施設を利用する人たちの「生活環境」，とりわけ住居の構造についてである。戦後，いち早く，社会福祉の基礎に「居住福祉」がある，と語り続けたのは早川和夫であった。[11] 人は動きながら成長し，その動きを止め得るのは「心臓」でしかない。早川は，人と人との関わりという動きを保証するのに「空間」を重視し，住居の広さが大きな影響を及ぼすとした。他方，外山は人と人との関係を重視して，住居構造における対人関係，つまり人の動線を重要としたのである。「ユニットケア」の論議が自宅とともに，社会福祉施設の建物に関する議論をも巻き込んだのは極めて意義のあることと思われる。

地域包括支援センター

既述のように，このセンターは2005年介護保険法改正によって介護保険事業として創設されたものである。以下，3点の特徴を指摘しておきたい。

①市区町村は，日常生活圏域（高齢者 3000 - 6000 人）ごとに 1 か所設置すること
②事業としては，総合相談・介護予防・権利擁護・地域支援などの地域拠点である。
③センターには，保健師・社会福祉士・主任ケアマネージャーなどの専門職の配置が定められ，とくに相談から高齢者虐待の予防への連携が期待される[12]。

　市区町村の単位，しかも「日常生活圏域」において，「地域包括支援センター」が地域の社会福祉拠点として定着すべきではあるが，創設後約 10 年を経過した現状においてなお，相談・援助を基軸とするソーシャルワーク的活動の展望は拓けているとはいえない。まず，介護予防やケアプランなどの業務に時間をとられ老人虐待などの「権利擁護」には届かないのである。また，その「運営協議会」が地域住民の参加をもとに運営されていないこと，さらに介護保険法の給付が 65 歳以上を基本にし，まさに「老人介護保険」故に，介護保険法において設置されたセンターの「総合相談」は高齢者向けとなる。ここに 3 専門職が配置されながら，障害のある人や家族，子どもへの相談の支援を視野に収めえないという基本的な設計ミスが，相談の「総合性」を阻害しているのである。

(3) 2008 年・2012 年介護改革（ドイツ）

　ドイツの介護保険制度における原則は，「入所に優先する在宅（ambulant vor stationär）」である。現状では，要介護者の居住割合は在宅 2 に対して施設 1 であり，日本の 3 対 1 に比べて，相対的に施設依存度は高い。2008 年介護改革は　あらためて「在宅優位」に向けた改革を実行し，同時に認知症の人への支援強化を打ち出したのである。
　以下に，とくに認知症ケアの強化に絞り，その概要を示したい[13]。

2008 年介護改革

　まず，介護給付が 2008 年から 2012 年にかけて段階的に引き上げられる。その引き上げは「在宅」ケアだけに関わるものである。「在宅優位」の具体

化のひとつである。

　また，在宅での「現物給付（＝介護サービス）」の引き上げとともに，「家族介護者」への「現金給付（＝金銭報酬）」の引き上げ。この給付は，「現物給付」と「現金給付」を組み合わせて，あるいはどちらかに集中して受けることができる，その点が特徴的である。その「現金給付」はおむつ代ではなく，不払い労働たる介護への社会的評価であり，家族保育とともに承認された家族介護の「報酬」にほかならない。

　それに関しては，「家族」の内容があらためて明瞭にされた。つまり，その「家族（Angehörige）」とは，介護する，という条件が整えば，血縁・婚姻関係としての家族である必要はないのである。たとえば，認知症の人が自宅で生活することを見守り・介護できれば，家族関係を問わないのである。一人暮らし世帯が増加し，近隣に親族の不在が予想される介護状況のなかで，この社会的支援の方式は極めて有効と思われるのである。

　もうひとつ，在宅の認知症の人への「世話給付」も嵩上げした。「世話給付」は介護給付に付加されるものであるが，その額が年額460ユーロから月額100ユーロに増額，加えて重度の人の場合にはさらに，上限を月額200ユーロまで増額した。その背景には，現行の介護給付では認知症の人のニーズ，たとえば買物・散歩・社会参加のニーズに対応できず，現金給付において対応するほかに手立てがないからである。[14]

2012年介護保険制度改革

　以下，「介護保険の新構築に関する法律」の基本的内容を紹介するが，それは2012年制定，2013年に施行されたものである。[15] ここでも，認知症に関わる施策の諸点を中心としたい。

- 基礎介護および家事援助のほかに，認知症患者のために世話給付（たとえば，認知症グループへの訪問）を追加
- 特定の時間単位の介護を選択できるようにするため等，サービス利用の柔軟化
- 「共同住居型」ホームの整備・強化
- 家族介護者に関して，現物給付を受給している場合にあっても，金銭

給付の半額が継続的に給付される等，家族介護者支援の強化
・医師または歯科医師による在宅または施設への往診の推進
・その他：介護給付額引き上げに伴う保険料率の引き上げ。要介護認定手続きの事務的な簡素化。私的介護保険の加入促進

ここでとくに指摘しておきたいことは，以下の2点である。まず，「世話給付（Betreuungsleistung）」についてである。これは，在宅において生活する認知症の人への金銭的な支援であり，この給付は介護保険サービス外での，たとえば「散歩」や「話相手」の確保に利用できる。2つ目は「在宅または施設への往診の推進」である。つまり，認知症の人を在宅で「相談」「診療」できるための，診療報酬の設定である。病院での診断を拒む人に対する支援の選択肢のひとつである。

3　認知症ケアとしての介護保険

日本とドイツにおける介護保険に関して，とくに認知症ケア強化についてはすでにその概要を紹介している。ここでは，介護保険の基本構造を，認知症の人を基点として捉え返してみたい。その試みは認知症の人を介護保険が包摂できるのか，排除するのか，という介護保険の基本的性格の評価に迫ることでもある。

さて，議論の秩序を組み立てねばならない。まず，日本とドイツの共通点に注目しよう。次いで，日本になくてドイツにあるもの，という順に考察を組み立ててみよう。

介護保険における基本構造の共通点，その両者は「似て非なるもの」と表現できるが，実は共通点が，しかも重大な意味を有する共通するものがある。「要介護認定」である。その「要介護認定」のための審査会・審査が備えられているのも，共通点である。この「要介護認定」は，被保険者は介護保険の給付（＝介護サービス）を受けるための関門の位置にあり，利用可能か，可能であれば介護給付の上限はいくらか，その「等級」を判定する仕組みである。ことは，「要介護状態」という概念に関する問題である。

ともあれ，「要介護認定」は介護保険制度のひとつの構成部分であり，個

別的なものである。まずは，介護保険制度全体を鳥瞰しておく必要がある。

(1) 保険料の納付と介護給付

　納付と給付，この2つの用語は社会保険制度に共通で特徴的なものである。と同時に，納付と給付はこの社会保険における制度としての根幹を成すものである。以下には，介護保険制度の基本構成を表わす構造図を示したい。

　給付という表現は一般には馴染みにくい。とくに「現物給付」は，当然ながらドイツの社会保険制度での「Sach Leistung」の翻訳なのである。「現物」はサービス，「給付」は提供に相当する。社会保険制度で重要な点は，保険料の納付，つまり所定の保険料を納めることが，給付，つまりサービスを受ける権利を保障するのである。それが保険の「給付請求権」と呼ばれるものである。保険給付は保険料の納付を要件とする，というのは保険の原則である。

　さて，保険料を納めるべき人が「被保険者」であり，保険料を収納・管理する組織が「保険者」である。介護保険制度では，保険者は国民健康保険と同様に市区町村である。介護保険制度の運用事務はこの国民健康保険の保険者に委託し，その事務費を支払うという方式で運営されている（図表4-1）。

　もうひとつ，介護保険の概要を日本とドイツとで対比しておく必要がある。つまり，2つの介護保険は「似て非なる者」であることを示す必要がある。次頁の図表4-2がその一端である。

　介護保険制度での日本とドイツでの相違，多岐にわたるもののその主要なものは，さしあたり，①被保険者の定義，②介護保険料，③介護計画（ケア

図表4-1　介護保険の構造

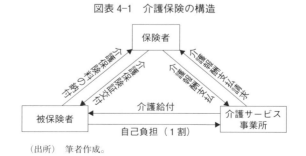

（出所）　筆者作成。

図表 4-2　公的介護保険制度対照表（日本とドイツ）

(2015 年 3 月現在)

日　本	ドイツ
法の施行　　2000 年 4 月 1 日	1995 年 4 月 1 日（居宅・通所サービス）
	1996 年 7 月 1 日（施設入所サービス）
制度設計	
① 保険者　市町村及び特別区	介護金庫（疾病金庫内に設置）
（国民健康保険連合会）	
② 被保険者	
・第 1 号被保険者（65 歳以上）	法定疾病保険の加入者は自動的に加入
・第 2 号被保険者（40 歳〜64 歳）	（それ以外は民間介護保険に加入）
③ 保険料	
・第 1 号被保険者	
市区町村ごとに介護保険事業計画	賃金の 1.7%（労使折半）
に基づいて基準額を算定	収入が一定額に達しない場合には納付免除
・第 2 号被保険者	
標準報酬月額に介護保険料率を掛けて	
算出（労使折半）	
介護給付	
① 介護等級	
7 つの等級（1 日の介護時間）	3 つの等級（1 日の介護時間）
・要支援 1・2（30 分未満）	・介護等級 1（最低 1.5 時間）
・要介護 1（30 分〜50 分未満）	・介護等級 2（最低 3 時間）
・要介護 2（50〜70 分未満）	・介護等級 3
・要介護 3（70 分〜90 分未満）	
・要介護 4（90 分〜110 分未満）	
・要介護 5（110 分以上）	
② 要介護認定	
・保健・医療・福祉の専門職による介護認	・疾病金庫の認定機関 MDK（疾病機関の医療
定審査会の認定	サービス）が担当，事実上医師が担当
③ 給付形態	
・現物給付のみ	・現物給付と金銭給付
居宅介護サービス	二つの給付を選択的に受給可能
施設介護サービス	介護を仕事として社会的に評価
地域密着型介護サービス	代替介護給付（年 4 週まで，2800DM が限度）
など	

(出所)　筆者作成。

プラン），などである。

①被保険者の定義

被保険者とは，所定の保険料を納付し，保険事故に際しては介護給付の請求権を得ることを意味する。その被保険者は，日本では年齢で区別される2種類の被保険者からなる。つまり，第1号被保険者は65歳以上，第2号被保険者は40歳から64歳までとする。他方，ドイツでは医療保険の被保険者が介護被保険者となる。日本では保険給付を得られるのは，原則として65歳以上であり，事実上の「老人介護保険」である。つまり，保険の定める「特定疾病」を除けば，保険料を納付する64歳までの被保険者は疾病（ケガ・病気）による要介護状態であっても，介護保険は適用されないのである。

②介護保険料

介護保険料は日本では極めて複雑な仕組みである。第1号被保険者は軽減保険料を含めて年金からの納付である。第2号被保険者は，医療保険と同様に給与からの天引きである。ドイツでは医療保険と同様に給与からの天引きである。日本の介護保険料は高齢者の多い地域，さらに要介護者の多い地域ほど高くなり，高齢化率による保険料の地域格差拡大傾向になる。

③介護計画

介護保険制度の導入とともに，介護支援専門員（ケアマネージャー）制度がスタートした。この導入によって，事実上，介護計画（ケアプラン）は本人が作成するという「自立」が失われ，またソーシャルワーカーの生活支援活動に支障をきたすことになる。

(2) 認知症の人の視点からの介護給付

介護保険料を納めれば，介護給付の請求権が得られる。上述の通りである。ただし，そのことは介護給付，つまり介護サービスの提供が用意されていることが前提なのである。以下に，日本とドイツそれぞれの介護サービス一覧を掲げたい。ただし，それぞれの内容は対照的でない。つまり，保険給付における両国の質的差異が大きく，比較の土俵に上げにくいのである。

認知症ケアに焦点を合わせたい。「問題行動関連行為」，「問題行動」という捉え方が気になるのだが，それはそれとしても，この事項が「要介護認定」あるいは，「介護プラン」にどのように反映されているのか，実状が公開さ

図表 4-3　介護給付一覧（日本）

①要介護認定等基準時間の分類

直接生活介助	入浴，排せつ，食事等の介護
間接生活介助	洗濯，掃除等の家事援助等
問題行動関連行為	徘徊に対する探索，不潔な行為に対する後始末等
機能訓練関連行為	歩行訓練，日常生活訓練等の機能訓練
医療関連行為	輸液の管理，じょくそうの処置等の診療の補助

②要介護認定等基準時間の分類

要支援	上記5分野の要介護認定等基準時間が25分以上32分未満またはこれに相当する状態
要介護1	上記5分野の要介護認定等基準時間が32分以上50分未満またはこれに相当する状態
要介護2	上記5分野の要介護認定等基準時間が50分以上70分未満またはこれに相当する状態
要介護3	上記5分野の要介護認定等基準時間が70分以上90分未満またはこれに相当する状態
要介護4	上記5分野の要介護認定等基準時間が90分以上110分未満またはこれに相当する状態
要介護5	上記5分野の要介護認定等基準時間が110分以上またはこれに相当する状態

（出所）「要介護認定等に係る介護認定審査会による審査及び判定の基準等に関する省令（平成11年4月30日厚生省令第58号）」(http : //www.mhlw.go.jp/topics/kaigo/kentou/15kourei/sankou3.html)

れるべきであろう。**図表4-3**の②における「基準時間」による介護サービスが，とくに認知症の人にとっては，と同時に介護者には「不合理」なのである。24時間の見守りが必要な人について，一方では最大で「110分以上」の給付，他方において元気で動き回れる認知症の人が少なくとも「要介護5」の認定は可能なのだろうか。つまり，「要介護5」のレベルの基準では終日ベッドに臥している人なのであるから。

ドイツでの2008年改革の決定による介護給付の増額計画は，2008年6月から3段階で増額され，2012年から固定された。**図表4-4**の数値は2012年のものである。介護給付の特徴は，①在宅介護優先の貫徹，ここでも施設には給付の増額を認めていない。②現金給付の意義についてである。認知症の診断を得れば，要介護認定の有無にかかわらず，給付を得ることが可能なのである。

共通するもの，とともにそれぞれ固有なものもある。日本にあってドイツにないもの，「介護支援専門員」，一般に言う「ケアマネージャー」である。

図表 4-4　介護給付一覧（ドイツ）

(ユーロ，月額)

給付の種類	要介護1	要介護2	要介護3	重度のケース
在宅 現物給付	450	1,100	1,550	1,918
在宅 現金給付	235	440	700	なし
デイケア デイナイト	450	1,100	1,550	なし
ショート スティ	1,550	1,550	1,550	なし
代替介護 （上段：親族 下段：その他）	235 1,550	440 1,550	700 1,550	なし
完全施設 介護	1,223	1,279	1,550	1,825

(注)　2012年現在。
(出所)　連邦健康省「2008年介護改革のもたらすもの」2008年3月14日。(Das bringt die pflegere-form 2008)

　また，日本になくてドイツにあるもの，その最も重要なものが親族介護者への「現金給付」である。日本でも介護保険の原案づくりで議論されながら，法案に載せられなかったものである[16]。なお，**図表 4-4**に示されている「介護給付」（サービス）の種類に関して，「完全施設介護」は施設介護にあたり，「現物給付」は在宅介護サービスに相当する。日本にないものは，「現金給付」と「代替介護」である。「代替介護」は家族介護者の介護休暇を意図している。

(3) 要介護状態と要介護者

　まず，「要介護状態」の概念についてである。ドイツでの最近の動向において，それに関わる興味深い報告がある。

「要介護状態」をめぐるドイツでの議論

　2009年連邦保健省において，「要介護状態の概念の見直しに関する審議会」が設置される[17]。その審議会設置を促す背景は，要介護認定が身体的能力に傾

斜しすぎ，という点である。もちろん，そうした批判は認知症の人や家族，その支援者からである，と推察できる。その批判は介護保険の導入後に，すでに顕著であった。

　さて，かの「審議会」は2回にわたって報告書を公刊した。1回目は「概念」の課題について，2回目はその「概念」の見直しに関わる財政事情についてである。注目すべきはその「概念」の再検討にある。検討すべき新たな「概念」は6つである。以下に，要点のみを掲示したい。

　　①移動性
　　②コミュニケーション
　　③行動様式・心理的問題
　　④自己管理
　　⑤病気・精神療法に基づくニーズや負担
　　⑥日常生活の形成・社会形成

「要介護認定」方式の全面的見直し，それが結論である。だが，その先に向けて，「見直し」の試算が巨額で，仰天した政府は当面の検討課題としておくことにした，という[18]。だが，そこで終わりではない。但し書きがつく。認知症の人への支援に関しては，先行的にその支援を強化する，というわけである[19]。

　「要介護認定」に関する論議は，日本においても，介護保険制度導入期においてすでに課題とされていた。2氏の提起を紹介しておきたい。

　伊藤周平は，「要介護認定」の問題性として3点を挙げる。「申請の問題」「認定調査の問題」「一次判定の致命的欠陥」，である。問題性は不便・不正確・不公平などにあたる。そして，問題性は深刻化する。注目したいのは，介護保険の理念であり，法に明記されている「自立した日常生活」（「介護保険法」第1条）と相反する事態を介護保険制度が引き起こす，という点である。もっと具体的に言うと，「要介護認定」の重いことを被保険者が望むようになることである。伊藤は事例をもとにその問題性を指摘する。

　　介護保険法は，要介護認定の調査を被保険者の「心身の状況，その置か

れている環境その他」（同法第27条2項）について行うとしており，生活環境も考慮する規定になっている。にもかかわらず，心身の状況だけで判定する形にしたのは，厚生労働省がサービスが利用できなくなる人がでることを承知で（もしくは，意図的にサービスを打ち切るつもりで），介護費の抑制を優先させたからだろう[20]。

もうひとつ，沖藤典子は「質の高い介護力を維持できる事業経営へ」という見出しで，「迷走した要介護認定[21]」を課題としている。介護保険制度導入の10年後のことである。沖藤によれば，「要支援」「要介護」における「基準時間」は，施設職員での介護を「作業分析」して，それぞれの作業ごとに所要「時間」に置き換えたものである。

その基準時間が，訪問調査員による利用者のできる・できないという「基本調査」を，介護を要する総時間数に転換する。その結果が「要介護度」にほかならない。したがって，要介護度の高さは介護時間の長さであり，施設入所者であれば，その要介護度が施設の介護報酬に直結する。介護施設の住環境や質の高い介護力を実践する施設ほど，利用者の要介護度は減少し経営は危機に瀕する。

適切な専門的介護力と適切な経済的経営力とが，整合性を得ていない。日本の医療制度を想起していただこう。病院がその地域の住民の健康力，つまり医療依存度を引き下げると，患者は減少しミクロ的には国民医療費の減少になるが，病院は患者を失い赤字となる。経営的には持続性に乏しい体制として淘汰され，廃院となる。介護現場も同様な内在的矛盾を孕んでいる。その根底的な手術なしに，当面の金銭的な辻褄合わせは，一方的な国民の金銭負担の増加をもたらすだけである。

「要介護認定」の廃止を

2010年6月，公益社団法人認知症の人と家族の会は，次のような提言を行なった。「介護保険制度改正への提言——要介護認定の廃止など利用者本位の制度に[22]」，というものであった。「要介護認定の廃止」が目を引く。「要介護認定」は，介護保険制度上での申請者（被保険者）の要介護状態に関する調査と介護計画からサービスへの，いわば結節点に位置している。その意

味において，この「要介護認定」を直撃することは，介護保険制度の根幹を突くことでもあり，極めて興味深いのである。

以下，その「提言」の背景を探りながら，「提言」の意義について検証してみたい。「要介護認定を廃止する」，という提言に添えて，以下のように記されている。「まず認定から出発するのではなく，暮らしの中での介護の必要性から出発する制度にする」[23]，という。「出発」は，現行では，「認定から」であるが，提言は「介護必要性から」という。この表現では，対立性が読者に伝わりにくい。どうやら，「出発」に問題性がありそうである。少し，その関連の議論を辿ってみたい。

その「提言」の背景は3点にあると思われる。

①介護保険の利用を希望しても，「門前払い」になり利用できない。
②利用の可否に，利用者と家族が参加すれば，決定が見えやすくなる。
③「認定」の更新に伴う利用継続への「不安」が，解消される。

その他，コンピュータの維持管理費や審査会の開催費用の削減効果も挙げられているが，これは付随的であり，上記3点が基本的な理由と思われる。その提言は，より直截に言えば，「認定」への当事者参加である。だが，まだ，提言の核心に届いていないようである。

本来，制度の利用は利用者の介護の必要性から出発すべきにもかかわらず，要介護認定という関所を通らなければいけないことによって制度の主人公の意識を著しく傷つけられています[24]。

とくに，認知症の人への「訪問調査」では，日常の世話や見守りの状況が反映されない，という「不正確さ」が背景にある。さらに重要なことは，「生活の環境が違うのに，どんな基準をつくっても環境の違いは絶対に判定できない」[25]，という点についてである。

認知症の人にどのような支えや見守りが必要か，それぞれの認知症の人で異なり，さらに日々の，あるいは症状の変化によっても大きく変化する。それらのことを考慮すべき「要介護認定」は極めて難しく，さらに個々の状況

第4章　認知症ケアと介護保険　　111

の違いを平均的に数値化することも不可能である。さらに,「要介護認定」を廃止する後についても,提案されているがここでは割愛させていただくことにしたい。

4　介護保険サービスと介護事業所

　福祉・介護の現場において認知症ケアの新しい実践が試みられ,その実践の過程において課題が整理されるとともに,その現場においてこそ新たな解決への途が切り拓かれている。新たな認知症ケアについては次章において取り上げるので,ここではその指摘に留めるが,ケアの改革は依然として職業的介護者に依存している。その意味において,職業的介護者の養成はケアの実践とケアの理念の間に位置しているのである。

(1) 介護サービス事業所

　さて,介護の質は,とくに認知症ケアに関しては,介護者の資質に依存している。介護施設に則して言えば,職業的介護者の職場環境に大きく依存しているように思われる。そこで,認知症の人の家族が「認知症ケア」と「労働環境」とをどのように結びつけているか,その思いを引き出してみたい。

　　自分が現に介護者になってみて,認知症には一人ひとりちがって,決まった型はない。基本は頭にいれていてもやはり介護者が心身共にゆとりがないと良い介護できない事がよくわかった。

　　認知症の担当ヘルパーが長続きしない,やっと慣れたかなと思うとやめていってしまう。対応ひとつで認知症は大きく異なる。専門担当なら厚遇であっても良い。

　　消費税導入等により賃金改善の財源を確保し介護従事者の身分安定を図る必要がある[26]。

　上記の「意見」は,「調査報告書」からの一部を抜き採ったものである。

家族であるがゆえに，認知症ケア・介護者の疲弊・労働環境が重なりあう問題性が，眼前に迫ってくるようである。こうした，いわゆる労働環境は，介護スタッフの不足・介護経験の未熟さ・ケア理念の不徹底など，介護サービス事業所の現況があらわにされる。このいわゆる「労働環境」に関する日本とドイツとの相違は極めて大きく，それは「過労死」に象徴される日本での労働現場の過酷さに共通する問題でもある。

さて，ドイツでの賃金決定機構についてだが，賃金などは職種別に労働団体と使用者団体との団体交渉において，「統一協定」で取り決められる。したがって，専門職のソーシャルワーカー・老人介護士の賃金はどの事業所においても基本的に同額であり，関連の賃金資料集をみれば明らかにされている。年次有給休暇も，一年間で40日間の長期休暇を取得できる。さらに，認知症ケア等の研修の受講を希望すれば，有給にて講習を受講できる。もうひとつ重要なことは，医療・福祉・介護・環境などの事業においては，その事業形態は「非営利」であり，しかも日本のNPO法人に比較するとその規模は全国規模である。

社会福祉事業に関して言えば，いわゆる「公益的6福祉団体」と言われる組織が子ども・青少年・女性・老人・障害者などへの援助，さらに低所得者・困窮者への支援を担っているのである。ドイツの非営利団体の特徴を示すために，日本の社会福祉法人との対比を試みたい。

まず，日本での「非営利」事業体の割合は，相対的には，地域密着型サービス事業所において大きくなる。たとえば，「小規模多機能型居宅介護」では「非営利」が6.9％，このデータにおいては最も大きな割合を示している。すでに述べたように，このサービス形態は，居宅で世話を受けている認知症の人が，デイサービスに通い，時に泊り，訪問介護を受けながら，継続的に介護家族への支援が得られるものである。定員25名，小規模にして，しかも24時間サービスである。空き民家の活用やボランティアの組織化などによって，地域内での認知症の人を支える仕組みづくりが意図されている。効率性や収益性に馴染まないがために，「非営利」法人が担っている。

ここで，日本の民間非営利組織，いわゆる「NPO法人」について，その設立を促す法制度的な背景を少し説明しておきたい。いわゆる「NPO法人」の根拠とされる法律は，「特定非営利活動促進法」である。1998年12月の

阪神・淡路大震災に際して、市民ボランティアの活動が大きな注目を集め、その活動を永続化し、ボランティア団体から「法人化」に促す目的において立法化されたのである。人間には出生とともに「可能的人格」が認められているので契約が可能。任意団体は団体として契約ができない。「法人」とは、法によって「人格」を認められた団体であるので、したがって、法律上の行為、たとえば契約を締結することができる。団体においては、その団体名称において契約などの法律行為を行なうことは、市場や人との活動において不可欠であり、ここに「法人格」の必要性が生じるのである。[27]

(2) 公益的6福祉団体（ドイツ）

さて、ドイツでの主たる福祉・介護サービス、および社会扶助（日本での生活保護）を担う、国内での最も大きな、そして極めて大きな社会的勢力、それがいわゆる「公益的6福祉団体」である。すでに紹介した日本の福祉・介護サービス事業所との比較において、質・量においてその相違は大きく、「比較」に値する土俵がない。そこで、まず「公益的6福祉団体」それ自身の概観を描くこととし、その特性の理解を得ることで満足したい。

その際、さしあたり、以下3つの性格づけが有効であるように思える。

　①社会サービスでの「補完性の原則」における位置
　②市民的生活の介護・福祉的状況を作用する位置
　③サードセクターとしての社会的勢力の位置

これら3点をここで詳述することはできないので、①と③に関しては、基本的な内容に限って以下にまず紹介し、②に関しては本章のテーマ、認知症ケアの質に関わらせつつ、説明を加えたい。

　①補完性の原則と深く関わる。生活上の問題・課題はまず住民自身によって解決すべき、との歴史的伝統がある。家族のだれかが援助を必要とすれば、まず家族、できなければ隣人、地区のボランティア、非営利団体、その補完として自治体、最後に連邦の責務となる。これが市民的生活の基本的なルールなのである。

③「サードセクター」,あるいは「市民セクター」とも呼ばれている。企業・自治体について,第3番目であり「市民」による活動を表現している。英語圏での「Non Profit Organization（NPO）」は,ドイツ語圏では,「eingetragener Verein（e.V.）」と表現し,「登録社団」と訳している。20世紀初め,ドイツの社会学者M. ヴェーバーがすでにその「Verein（協会）」としての意義を,社会学的概念として論じている。[28]

非営利組織における今日的な,および社会的な意義,という点についてはA. リピエッツの表現が簡潔にして,要領を得ている。

> 政府の縮小と同時に家族の解体によって脆弱になっている社会的紐帯の機能を確保することである。そしてまた,個人主義的であると同時に複雑化しているわれわれの社会において必要とされるミクロ的な調整の機能を確保することである。[29]

②の内容を解説しつつさらに問題性を深めたいが,ここでは,とりあえずドイツの非営利団体による福祉事業の特徴点を指摘することにしたい。

公益的6福祉団体のさまざまな相違とともに,共有する基本的理念が「公益性」であり,「非営利」である。その基本的理念において,社会扶助（日本の「生活保護」に相当）や社会的支援,あるいは病院などの医療サービスや介護施設による介護・世話サービス,また総合的な内容にわたる相談・援助のソーシャルワーク,そしてソーシャルワーカーやケアワーカーなど専門職・ボランティアの養成しつつ,それらを配置し,いわば社会福祉の全領域を網羅する事業を展開している。ということは,自治体などの行政組織は,もちろん地方自治制度のもとで編成されているのではあるが,6福祉団体の「補完的」な位置づけに置かれているのである。さらに,日本との対比を念頭に置きつつ重ねて言えば,ドイツの社会福祉事業は,民間の公益的な,かつ非営利の団体,およびそれら6福祉団体,およびそれに協働するボランティアによって担われている。

第4章　認知症ケアと介護保険

5　さあ，認知症ケアの転換へ

　人間関係は，いつも形成されつつ壊され，そうして再形成されている。いや，人間関係だけではない。私たちは人間関係を形成しつつ世界との関わりを形成している。私たちはその過程のなかにおいて，社会的生活を継続しようとしている。認知症の人は，そうした人間関係のなかにおいて，人と世界，人と人の間において出現し，その関係の形成が求められるのである。そこに，新しいケアの課題と展望が築かれねばならない。まず，認知症状の特徴について考察し，次いで新しい認知症ケアと古い認知症ケアとを対比することにしたい。

(1) 認知症状と認知症ケア

　認知症の人と言う場合での認知症状は，2つの基本的な変化の過程にある。ひとつは記憶力，推理力，理解力のような知的能力の衰弱である。この変化は脳の機能の低下，構造の変質である。いまひとつは社会・心理的環境，つまり対人関係と相互行為における変化である。認知症状の変化が上記2つの変化の結果，というトム・キットウッドの断定は極めて重要である。というのも，認知症状を脳の器質的疾患に還元することへの異議を呈しているからである。

　なお，認知症状を引き起こす疾患は，トム・キットウッドの記述を参考にすると，たとえば以下のような分類で示される。

　　（ア）　**アルツハイマー型の症状**：シナプスの連結の一般的な脱落，脳の全体的な萎縮，さらに細胞構造に変質の兆候，などである。
　　（イ）　**脳血管性の症状**：脳局部への血流を減少させるようなすべての脳血管の病気に関係する。脳のどの部位が冒されたか，どの型の血管がその機能を失ったかに応じて症状は異なる。
　　（ウ）　**「混合型」の症状**：①と②との混合型であり，両者の兆候を示すものである。
　　（エ）　**レビー小体**：パーキンソン病と関連することがあり，独立した診断区分が必要。

（オ）　**変性型**：ピック病，前頭葉の病変など。
　（カ）　**感染性型**：クロイツフェルト，ヤコブ病など。
　（キ）　**毒性型**：アルコールに関連した脳障害，鉛，水銀など[31]。

　ここで強調されなければならないことは，認知症の発症としての原因疾患が上記のように示されているが，実際には，その症状の状態は社会関係や対人関係に強く作用されることが，経験的に明らかにされているのである。そして，認知症の人は強い「不安」のなかで生活しているように思える。
　ここでは，BPSD（Behavioral and Psychological Symptoms of Dementia）の考え方を紹介しながら，ケアとの関連について考察してみたい。
　その素材として，『BPSD　痴呆の行動と心理症状』[32]に依拠したい。ここでの主たる関心は，認知症状とBPSDとの関係，およびBPSDとケアとの関連についてである。1999年の「コンセンサス会議」において，16か国60名の専門家によって，以下のような声明が発表された。

　　　行動障害という用語の代わりに痴呆の行動・心理症状（BPSD）という
　　　用語を用いる。これは，痴呆患者に頻繁にみられる知覚，思考内容，気
　　　分または行動の障害による症状と定義される[33]。

　と同時に，BPSDは，行動症状と心理症状の2つの症状によって構成される。BPSDに関わる重要な点は，認知症状ではなく，BPSDが当事者はもとより介護者などに極めて大きな影響を及ぼすというのである。たとえば，特に対処の難しいBPSDは以下のようなものである。

　　　行動症状：身体的攻撃性・徘徊・不穏
　　　心理症状：妄想・幻覚・抑うつ・不眠・不安[34]

　ここでは，BPSDと介護者との関係について知見を得たいのだが，家族介護者，医療関係者，看護師などの専門職，それぞれに関して検討・提言が示されている。その仔細に立ち入れないので，とくに重要と思われる1点について引用したい。ポイントは，介護している人，家族であれ，専門職であれ，

第4章　認知症ケアと介護保険　　117

その介護者への支援の必要性である。

> 職務という観点から専門職を支援するもう1つの方法は，主に面倒をみているケアスタッフに各患者の長期的介護に対する責任を持たせることである。1人の介護者が専属的につくようにすると，その介護者は痴呆の人や家族と強い絆を作り上げることができるようになる[35]。

そうしたケアの試みは，「解釈ができるようになる」「患者をより深く理解するようになる」「家族とよりよく協力できるようになる」，以下「安静と活動」「栄養」など7項目が列記される。認知症のケアの現場ではすでに上記のことは，実行済みであると推測している。それにもかかわらず，ここに引用したのは，医療的立場からの「ケア」と認知症ケアの現場との姿勢が共通しつつある，という認識を新たにしたいからである。

(2) 認知症ケアの「センター方式」（日本）

「センター方式」とは，認知症介護研究・研修センターによる認知症ケアの方法での先駆的なモデルを提供しつつ，職業的介護者の養成を示してきたのであり，そのセンターは2001年，介護保険制度導入の翌年に，高齢者痴呆介護研究・研修センターとして発足した。その基本的な研究がアセスメントとケアプランの研究であり，とくに「センター方式シート」の開発は認知症ケアを全国的に普及させるのに貢献したのである。センターは，全国3センター，つまり宮城県仙台市・愛知県大府市・東京都杉並区に置かれてきた。

この「センター」の特質は，認知症の人に対する固有な「アセスメント・シート」を開発し，ケアの標準的な水準を維持することにある。ここではこれ以上触れる余裕がないので，その意義について水野裕の表現を引用したい。

> いかによいシートができても，それを使用する側がどのような考え，理念をもって使うかが重要であろうと思う。正しい理念に基づいてこのシートが利用され，認知症高齢者のパーソンフッドの向上に役立つことを望む[36]。

「センター」は独自に研究するとともに，イギリス生まれの「パーソンセンタードケア」[37]への窓口の役割も果たしているのである。そこであらためて，新しい認知症ケアを提案する「パーソンセンタードケア」に学ぶことにしたい。

(3) パーソンセンタードケア

2010年8月9日，私はミュンスター市にいた。すでに，日本においても馴染みになっている「パーソンセンタードケア」を採用した老人ホームに見学とインタビューを申し込んでいたのである。老人ホーム「ペルテス・ハウス ミュンスター」(以下，「ペルテス」と略記)である。木々のあいだの小路を進んでいくと，その突き当たりに，まだ真新しく，清楚なまでに白く塗られた壁面に出会った。正面から横に抱え込む左右は，透明の全面総ガラス張りである。

ドイツでは，「介護の質を保障する法」(2002年) に基づいて，MDK (疾病保険組合に置かれているメディカルサービス) による外部評価が抜き打ちで実施される。その評価は当該事業所の異議申し立ての機会を認めながら，インターネット上で公開されている。それによると，「ペルテス」は総合評価 1.4 (非常に良い) であり，州平均の 2.4 を大きく上回る。評価はマイナス点の加算の合計なので，評価点の低さが高評価となる。「介護と医療的予防」1.7 (良い) を除けば，他の3つの部門ではいずれも「非常に良い」である。その部門は，「認知症患者の居住者との交際」「社会的世話と日々の生活形成」「住むこと，食事の世話，家計そして衛生」である。もうひとつ，居住者への質問調査結果も「非常に良い」である[38]。

パーソンセンタードケアの導入の契機になったのは，認知症の居住者が増加を続け，認知症の人の「ホスピス」ついても難しいケースが生じたことというのが，すでに施設長を退かれたクリスト氏の返答である[39]。

「パーソンセンタードケア」の導入

クリスト夫婦は，色刷りのパンフレットに目を落としながら，入居の際には「要介護度」については記録を確認しますが，認知症ケアにあたっては，「軽い認知症」「中程度認知症」「重い認知症」の範囲で判断します，と説明

を開始した。

　施設理念は、施設管理・運営において常に目標とすべきことであり、常に日常の管理・運営にあたって参照されるべき指針でもある。その施設理念に、イギリス生まれの「パーソンセンタードケア」が掲げられている。クリスト氏に「パーソンセンタードケア」について説明を求めた。

　　導入したのは2004年です。居住している人が老いとともに認知症になり、そのケアに直面しました。施設長の私、クリストがパーソンセンタード・ケアの研修を受けてケアを転換しました。まず、一人ひとりの人に向き合い、尊重するケア、そしてケアスタッフを代えないことで安心を保障することが基本設計でした。[40]

　このコンセプトの導入とともに、それに賛成しないスタッフがかなり退職した、という。従来の職務と新しい職務との相違、その受容の可否において職員間に意見の対立が生まれ、拒否する人は去った。

　　最も大きな改革は、毎日の日課設計です。従来は、すべての人は同じ時間に起床、朝食の時間、入浴、昼食、夕食、就寝、というように同じ行動でした。その点が変わりました。起床の時間は自由、10時まで寝たいのも自由。夜、食べることも自由。認知症の人は昼夜が逆転することがあります。効率的ケアから、一人ひとりへのケアに転換しました。[41]

　ケアの転換に向けて「研修」が用意された。また、導入にあたってのケアなどの転換に際して、スタッフにアンケート調査を実施した。スタッフの転換への覚悟を問うものであった、という。老人介護士資格保有者20名、無資格者15名、社会サービスの専門職（ソーシャルワーカー）が2名である。今や、ケアは日常の生活マニュアルを忠実に履行することではなく、個々人の「ニーズ」を摑むことが重視される。個人の生活歴にそれぞれの文化を拾い、食事の好みは話の端々に注意して探る、もちろんどの地においてどんな仕事を経験してきたのか、それは話のきっかけにもなるのである。

ケアの転換によって，新しい課題も生まれます。お年寄りが施設から逃げ出すことがあります。それも自由です。気づけばスタッフが話をしますが，外出することもあります。警察官が連れ帰ってきたこともあります。幸いにも事故はまだありませんが。その点に関しては「契約書」には書かれませんが，縛らないこと，閉じ込めること等はしない，という点で家族と合意しています。家族との交流はとても重要です。月1回は，家族との懇談が設けられています。[42]

「愛」の実現を目指して

　私たちはしばしば，認知症状の形態を「問題行動」として理解しようとする。たとえば，「あんたはだれね」の繰り返し，「私の財布を盗られた」と探す，「私は食べていない」と責める，「帰らないかん」と飛び出す，「だれかがあそこにいる」と怯える，など。それぞれが，それぞれの人の人生という「物語」に含まれているように思える。その「物語」というのは子どもの弁当を用意する時であり，夫と旅にいる時でもある。その時は，今とつながらない。この「今」を，認知症の人は「すべて疑うべし」，と訴えているかのようである。そして「不安」の世界に向き合う。

　認知症の人にとっては，目に見えるものや人の実在は疑うべき対象である。当人の居るはずの「ここ」，でさえも疑いの対象であり，帰るべき時を待つ場のようである。認知症の人の周りは，「不確かなもの」に囲まれている。不確かなものの「世界」に「確かなもの」を見つけるのは容易ではない。強いられることは，その必要性を感じないために増々不信を募らせてしまう。

　認知症の人にとって，「確かなもの」はどこにあるのだろうか。人と人とのあいだにある感覚，たとえば，「私のことを認めている」という信頼の感覚はそのひとつであるようにみえる。混乱している，怒っている認知症の人，その「不安」「怒り」に気づき，傾聴し，そして解釈してケアに結びつける。そうしたケアの彼方に「信頼」の表情と笑顔を見出すことができる。確かなものは，人と人とをつなぐ共通感覚であるかもしれない。

　もうひとつ　認知症の人へのケアの現場で発見する，「確かなもの」がある。それは制作物である。それは労働を分割して協業化する，いわゆる「分

図表 4-5 認知症の人びとのおもな心理的ニーズ

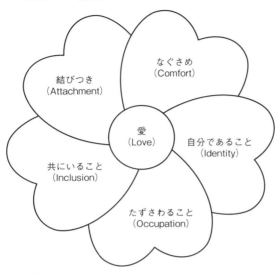

（出所） Tom Kitwood, *Dementia reconsidered: the person comes first*, 1997, p. 82（高橋誠一訳『認知症のパーソンセンタードケア』筒井書房, 2005 年, 142 頁）。

業」ではない。同質化可能な分業ではなく，どちらかと言えば，専門性によるチームワークに準じるような「職人」的な仕事を指すのである。認知症のある若い人のデイサービスの現場でのこと，竹細工に没頭する人，バーベキュー準備の炭火起こしに熱中する人，パーティーの調理に目を輝かせている人，そうした人の姿が目に浮かぶのである。

図表 4-5 に注目したい。「ペルテス」はもちろんドイツ語での表記で掲げているが，以下のキーワードには英語を添えておきたい。英語での受容も大切だからである。

「愛（Love）」は，5 つのカテゴリーによって分有され，支えられている。そのひとつ，「共にいること（Inclusion）」に注目したい。その用語は，取り込むとか，含めるとかを表わし，トム・キットウッドは「Inclusion」の用語を使って，認知症の人を包み込む，その意思を無視しない，そうしたケアを語っている。それは認知症の人への「愛」のひとつであり，認知症「ケア」の基本とされることだからである。

このコンセプトにおいては，「愛」が中心的な「ニーズ」に位置づけられている。5 つのニーズは互いに関係し合い，ひとつのニーズを満たすことは，他のニーズをも満たし得る。ケアは認知症の人の「ニーズ」に対応することで，認知症の人の満足感に近づけるからである。認知症ケアは，その人らしさ（パーソンフッド）を保つことであるが，具体的にはこの 5 つのニーズを

図表4-6　認知症の2つの文化

「ケアに必要なこと」	
古い文化	新しい文化
ケアは基本的に安全な環境を提供し，基本的ニーズ（食事，着替え，排泄，暖かさ，清潔，適度な睡眠など）を満たすことと，有効な方法で身体的ケアを与えることがおもに関係している。	ケアはその人らしさを維持し高めることに関係している。安全な環境，基本的なニーズを満たすこと，身体的ケアを提供することは基本であるがそれらはケア総体の部分でしかない。

（出所）　同上，邦訳書，236頁より抜粋。

満たすこと，とトム・キットウッドは言う。

> 五つのニーズが満たされるとき，自尊，価値があること，尊重されることの全般的な感覚が高まるだろう。つまり，ある時点までニーズが満たされると，恐怖，悲しみ，怒りから抜け出して，これまでだれも踏み込んだことのない前向きな経験の領域に進むことができるだろう。[43]

古いケアと新しいケア

そうした「確かなもの」を発見した人は輝いて見える。輝きは，その人の活動の内に秘められて，製作を通じて表現される。トム・キットウッドは「**認知症**の人」と「認知症の**人**」を区別している。前者は「認知症」という病気を重視，後者は患者であっても「人」を重視するという。認知症の人との関わりにおいて，前者が「古い文化」を，後者が「新しい文化」を象徴している。トム・キットウッドはその新旧2つの「文化」を表にして対比しているが，ここでは1点のみを取り上げてみたい。[44]

図表4-6において，トム・キットウッドが語ろうとすることは，決して難しいことではない。難しいのはこうした「ケア」の提案をせざるを得ない，社会的な背景あるいは文化の転換が意図されていることであろう。

ここで対比されているのは，「ケアの実践者」と「医師と脳科学者」とである。そのことに関して言えば，彼は，『認知症のパーソンセンタードケア』の「はじめに」において，次のように記述している。「認知症の原因が器質

的である」ので，医学的研究対象はその「病理の過程を明らかにし，つぎに認知症の進行を抑制するかまたは予防する方法を見つけること[45]」にある。それは「医学モデル」であり，それを彼は「標準パラダイム」とも名づけている。

その上で彼は，新しいパラダイムの時代の到来とみなすのである。彼の強調点は，脳の「生医科学的研究」ではなく，「人間らしさ」を気づきケアに結びつけるスキルの向上にある。彼は研究志向において，ここでも，「医学モデル」から「社会モデル」もしくは「社会モデル」へと軸足を移動させている。さて，ではケアはなにを価値，つまりどんなことを目標とするのか。ケアはなによりも，「その人らしさ（personhood）を維持し高めること」，と彼は強調する。現行のケア，それは安全な環境，基本的なニーズを満たすこと，身体的ケアを提供することを基本とする。だが，「それらは人格全体のケアの部分」でしかない。身体の部分ではなく，全体としての「personhood」こそがケアの関わることである。

本章が参照している訳書，『認知症のパーソンセンタードケア』のオリジナルタイトルは，*Dementia Reconsidered*（認知症の再検討），副題は *the person comes first*（最初に人ありき）である。彼は，「認知症の再検討は人であることはなにかについて新鮮な理解をわたしたちにもたらした[46]」という。その重要な「理解」が「新しい文化」としてのケアであろう。その「理解」の基底に，西欧文化に固有な「自律的で自分の能力に自信をもつ個人の極端な重視[47]」への批判的な認識があり，また認知症の人を「疎外と隔離」に追い込まないような，そうした「相互行為[48]」が求められるのである。したがって，「身体的ケア」はその意味において全人格的な相互行為の「部分」とみなされ得るのである。

「新しい文化」に含まれている認知症理解やケア概念については，「person」の言葉において理解が求められている。換言すれば，それは「person」が「精神」と「肉体」とが分離され，あるいは身体が細分化されて「機能」の集まりと理解される，そうした現状認識への批判が込められているからである。その現状については，日本の認知症ケアの現場においても確認することができる。上記の「新しい文化」「古い文化」は，ケアという実践の言語化であり，その試みによる「ケア」論の交感でもある。それはまた，「新しい文化」

としてのケア実践への促しでもあるだろう.

6　ケアの世界へ

　この章では　認知症の人を中心に据えながら介護保険制度との関連を問う，とともに認知症の人との関わりについて，とくに「パーソンセンタードケア」を先駆的認知症ケアとして紹介している．前者は法制度として，後者は「ケア」の研修や介護者支援の組織化，という意味ではソーシャルワークの領域もこれに含まれる．この点，今日の「社会福祉学」の定義にも関わる．日本学術会議によれば，社会福祉学は「social policy」と「social work」によって構成される[49]．というのである．

　さて，本章では認知症に関して「ケア」という表現を採用してきた．日本の法制度では「介護保険法」のように，認知症に関係しても「介護」という用語が使用されている．法では介護が明確に「定義」されているわけではなく，要介護状態に伴う「入浴，排せつ，食事等の介護」（「介護保険法」第1条）に関わる仕事なのである．ところが，先の「パーソンセンタードケア」において示されたように，それらの身体的な接触を伴う介助は認知症の人にとっては，「総体的」な関わりのなかでの，部分でしかないのである．

　さらにその部分性という点では，利用者は介護保険によって介護サービスにつなげられ，そのサービスの枠内においてのみ，利用者の生活の部分が介護者とつながっているのである．そのつながりについて，換言すれば，認知症の利用者は「モノ」（制度）によってのみ，介護者と接点をもつのである．それにもかかわらず利用者と介護者とは相互に関係しあっている．それは「ケア」の側面においてであり，また「相互行為」と表現されていることにも関わっている．

　ところで，日本で最初に「キュア（治癒）」に対して肯定的に「ケア」を定義した柏木は，次のように表現している．

　　ケアにはもっと深い意味がある．それは，人格的なふれあい，とりわけ
　　ケアを通してお互いが人間として成長するという側面である[50]．

第4章　認知症ケアと介護保険　　125

柏木の「成長」という表現は，子どもへの親の「ケア」が想起されれば，子と親との互いに成長する風景を思い描くことができよう。「ケア」それ自体を，もう少し認知症の人と介護者との関係と関係づけながら検証してみたい。認知症の人と介護者の職場，たとえばグループホームを思い描きたい。9名の利用者に昼間では2名の介護者，夜間では1名である。介護の理念として，「利用者の意思の尊重」を掲げるグループホームは多い。歓迎すべきことである。そこで，重要なテーマが浮き上がる。同じように働くとは言っても，「ケア」の現場は工場労働の現場とは質的にはまったく異なる。「工場の労働」とは言うが，介護施設において「施設の労働」とは言わない。また，言って欲しくない。

　わかりやすく，グループホームと自動車工場を思い浮かべよう。いずれも24時間営業である。前者では「シフト」が組まれ時間によってスタッフが交代する。後者では，ベルトコンベアーに「交代勤務」で職員が張り付く。24時間の時間を分割して人を配置するのは共通している。重要な，ほとんど決定的な違いは，工場では「物」作りであり，施設では「人」との関わりである。したがって，工場では「物」を指示通りの組み立てるのが目標であり，施設では利用者の日常的生活を支えることを目標としている。つまり，工場では「対象」を効率的に操作することであり，施設では利用者の「自由な意思」を引き出すことにある。

　本章では「ケアの世界」を語ろうとしている。当然ながら，介護施設における利用者と介護者との関わりの世界なのである。ここでは，介護者が利用者を操作の，つまり労働の「対象」としないことが，約束されている。だが一言，誤解のないように念を押したい。介護者が自ら「労働者」として社会的連帯のもとで職場の労働環境に取り組むのは，歓迎すべきことである。その活動は社会運動であり，ここに言う「ケアの世界」とは次元を異にする。

　私たちは決してひとりで生活しているわけではない。共通世界，それは人間が人びとの営みのなかに現われ，やがて人びとのなかから消えていく，そうした世界のなかに生きている。出会いに始まりさよならに終わる。今日も認知症の人に会いに行く。

　　「おはようございます」と私，「あんた誰ね」と返される。「トヨタ　ケ

ンジです」。次,次の日も「あんた誰ね」が挨拶である。ある日,じっと,目を合わせる,「トヨタ　ケンジです」,笑顔が返ってきた。やっと,認められた。さよなら,今日からは笑顔で会い,別れられる。

　笑顔の挨拶までは,対面でのしばしの時間を要する。「ケア」の間柄になるまでの作法である,と認知症の人は教えてくれる。それにしても,顔を合わせ,目を合わせ語り始めるのは,「ケアの世界」を創る作法の一歩である。
　共通世界の上に,こうして「ケアの世界」が重ね合わされる。この2つの世界が相互に影響されながら,「ケアの世界」は他者の意思を尊重する作法から,互いに自己が促される新しい局面への開けなのである。

1）　新村拓『痴呆老人の歴史』法政大学出版,2002年,112－120頁。
2）　大野晋他編『岩波古語辞典　増補版』岩波書店,2011年。
3）　新村拓,前掲書,61頁。
4）　和田東郭『蕉窓雑話』第二編,1821年,73頁。
5）　A市「地域包括支援センター」における「困難事例」として会議に載せられたものである。なお,利用者が特定されないように,仮名等の配慮がされている。
6）　介護サービス提供制度に関しては,小竹雅子『介護情報Q&A──介護保険を使いこなすために』第2版,岩波書店,2009年を参照されたい。
7）　沖藤典子『介護保険は老いを守るか』岩波書店,2010年,23－27頁を参照。
8）　特養・老健・医療施設ユニットケア研究会編『ユニットケア白書　2003』筒井書房,2003年,46－49頁。
9）　同上,26頁。
10）　外山義『自宅でない在宅』医学書院,2003年,93頁。
11）　たとえば,早川和夫『住宅貧乏物語』岩波新書,1979年,『欧米住宅物語──人は住むためにいかに闘っているか』新潮選書,1990年などを参照。
12）　沖藤典子,前掲書,および小竹雅子,前掲書,を参照されたい。
13）　なお,拙稿「認知症の人の在宅生活への社会的支援」(九州大学『法政研究』第78巻第3号,2011年)もあわせて参照されたい。
14）　「介護改革2008年のもたらすもの」("Das bringt die Pflegereform," 2008)。この詳細については,田中謙一「ドイツの2008年介護改革」(『週刊社会保障』No. 2510－No. 2515)を参照されたい。
15）　土田武史「ドイツの介護保険改革」,「2011～2012年海外情勢報告」には,2013年施行「介護保険の新構築に関する法律」(Gesetz zur Neuausrichtung der

Pflegeversicherung）についての紹介がある。
16) 詳細については，増田雅暢「家族介護の評価と介護保険」（『週刊社会保障』第 56 巻 2198 号－第 56 巻 2202 号）を参照されたい。
17) 「欧州地域における厚生労働施策の概要と最近の動向」（ドイツ）（「2011～2012 年海外情勢報告」所収）189－190 頁。
18) 同上，189 頁。
19) その法律が，「介護保険の新構築に関する法律」（"Das Pflege-Neuausrichtungs-Gesetz" 2012）前掲，である。
20) 伊藤周平『介護保険を問いなおす』筑摩書房，2001 年，116 頁。
21) 沖藤典子，前掲書。
22) 公益社団法人 認知症の人と家族の会「介護保険制度改正への提言」2010 年，8 頁。
23) 同上，9 頁。
24) 同上，17 頁。
25) 同上，34 頁。
26) 同上，77 頁。
27) 経済企画庁『海外における NPO の法人制度・租税制度と運用実態調査』1999 年，ドイツについては，坪郷實「ドイツの NPO と市民活動促進制度」（『社会運動』1996 年）。
28) マックス・ヴェーバー『社会学の基礎概念』阿閉吉男・内藤莞爾訳，角川書店，1973 年，89 頁（*Wirtshaft und Gesellschaft*, S. 28）。
29) アラン・リピエッツ『サードセクター』井上泰夫訳，藤原書店，2011 年，264 頁。
30) トム・キットウッド『認知症のパーソンセンタードケア』高橋誠一訳，筒井書房，2005 年，40 頁（Tom Kitwood, *Dementia Reconsidered*, Open University, 1997, p. 20）。
31) 同上，44－47 頁（*ibid.*, pp. 22－24）。
32) 国際老年精神医学会『BPSD　痴呆の行動と心理症状』日本老年精神医学会監訳，アルタ出版，2005 年。
33) Finkel and Burns, 1999（同上，15 頁）。
34) 同上，28 頁。
35) 同上，88 頁。
36) 認知症介護研究・研修東京センターほか編『認知症の人のためのケアマネジメント　センター方式の使い方・活かし方』中央法規出版，2008 年，6 頁。
37) 「パーソンセンタードケア」は，イギリスの老年心理学教授トム・キットウッドの提唱による新しい認知症のケアである。彼は 1937 年にイギリスに生まれ，ブラッドフォード大学のアロイス・アルツハイマー老年心理学教授として在籍中

の1998年に，61歳で死去した。
38) MDK審査，2009年12月21日，「ペルテス」提供の資料による。
39) 2010年8月9日インタビュー，元施設長クリスト氏と妻（ミュンスター市）。
40) 同上。
41) 同上。
42) 同上。
43) トム・キットウッド，前掲書，147頁（Tom Kitwood, *op.cit.*, p. 84）
44) 同上，236頁（*ibid.*, p. 136），一部改訳。
45) 同上，6頁（*ibid.*, p. 1）
46) 同上，246頁（*ibid.*, p.143）
47) 同上，234頁（*ibid.*, p.134）
48) 同上，30頁（*ibid.*, p.15）
49) 日本学術会議「大学教育の分野別質保証のための教育課程編成上の参照基準・社会福祉分野」公開検討会資料，2014年7月21日。
50) 柏木哲夫『生と死を支える』朝日新聞社，1987年，9頁。

第5章
認知症の人と成年後見、あるいはドイツの世話制度

1　はじめに

　2013年5月27日、参議院本会議において公職選挙法の一部改正が全会一致で可決成立した。それは、5月14日の東京地方裁判所での判決を受けた対応である。その判決の趣旨は以下の通りである。「憲法は国民に選挙権を保障しており、原則としてその制限は許されない。被後見人すべてが選挙権を行使する能力を欠くわけではないのは明らかで、一律に選挙権を奪う事情はない」。
　東京地裁判決の意義は当然の権利の回復にあるが、背景となった成年後見制度についてはそれほど知られているわけでない。本判決は、知的障害のある人が選挙権の確認を求めて提訴したものであった。この成年後見制度において、後見人が選任された場合でも、従来通り「選挙権も被選挙権も持たない」、と定められたのである。したがって、判決は「当然だ」というには、成年後見制度に関する予備的知識が必要とされるであろう。
　ここに言う「成年後見制度」は2000年6月、明治「民法」を改正して実施されたものである。したがって、「成年後見制度」は明治「民法」に遡る。だれにとって後見が必要とされたのか。民法では、「事理を弁識する能力を

欠く」人，たとえば精神障害，知的障害，あるいは認知症の人などがその該当者とされる。「成年後見人」が家庭裁判所によって選任されると，当事者の権利が剥奪された，これが明治「民法」である。改正点の重要な点は，後見人の選任によっても当事者の権利が留まることである。その精神に反して，選挙権が剥奪されていた。その判決は当事者の「権利」を回復した，というのは「当然」なのである。

　本章では，現行の成年後見制度の導入状況を，活用事例を基に検証し，またドイツの「世話制度」についても，その理念や運用構造を，これも活用事例に依拠しながら検討してみたい。また世話制度については，とくに「世話」概念が注目されているが，その意義，あるいはその翻訳語に関する評価についても検討してみたいのである。それは，あらためていう必要もない，わが国が常に，古くはシナ文化，近年に至って欧州の法制度を導入するにあたって遭遇してきた，いわゆる「翻訳語」をめぐる越境文化の問題が伏在しているからである。

　なお，「後見」あるいは，「世話」に関する検討にあたって，ここに確認すべきことがある。日本においては，2000年1月に社会福祉法，および介護保険法が施行され，5月には成年後見制度が開始された。それら法制度は，措置から契約への世紀的転換期の一隅を照らす社会福祉意識・制度の高揚期の産物である。

　また，国際的には，ドイツの世話制度は1992年の民法典の改正で開始され，1999年，2005年と改正を経てきた。その間，イギリスでは1986年に持続的代理権授与法が，また，2005年には意思能力法が施行された。判断能力の低下する人への権利の承認，その推進のための西欧での運動・法制度の動向を念頭に置きつつ，この章の議論を展開したいと思う。

2　日本での「成年後見制度」の活用事例

　まず日本での「成年後見制度」を概観するが，その手始めに，成年後見制度の活用事例を紹介することから始めたい。後にドイツの「世話制度」と対比するためにも，また，成年後見制度それ自体の意義や構造，さらに課題等を認識することが必要だからである。

【活用事例】

　80歳代の女性Nさん。統合失調症のために若年で禁治産宣告を受けていた。後見人の夫の死亡後（15年前）に，家庭裁判所の職権立件で多摩南部成年後見センターが後見人に就任。Nさんは現在認知症の診断を受けている。Nさんは高齢で認知症を患い，しかも一戸建て自宅に一人暮らしである。所管の市行政は近隣の住民とともにNさんの支援を続けていた。だが，Nさんの自宅は「ゴミ屋敷」と化し，社会サービスを拒否，光熱・水道料金などの支払い，健康の維持などの難問が山積し専門的な支援が必要とされたのである。

　新たに採用された支援が，「成年後見制度」である。家庭裁判所はその後見人に「多摩南部成年後見センター」を選任した。以下の経過はその法人後見人の職務内容である。Nさんには資産があり，さらに家賃収入が見込まれていた。まず，Nさんの財産管理手続きが急務であった。なお，実施された支援内容は以下の通りである[1]。

　　①財産状況の把握（義理の妹の同行）
　　②家財や重要書類を管理下に置く
　　③通帳・印鑑の保管
　　④家賃収入を銀行振り込みとする
　　⑤Nさんの生活資金は現金で手渡しする

　加えて，Nさんに認知症状が発症し見守りの必要があるとし，後見人は改めて，近隣の住民に「見守り」を要請した。健康維持のために，介護保険制度の活用による訪問介護や精神科医の在宅診療・訪問看護を導入した。自宅内での支援では，大掃除・玄関の鍵の付け替え（防犯）・電気こたつの購入・ガスコンロの撤去などが実施された。

　とくに，Nさんのケースは「困難事例」と介護現場で呼ばれるものであり，支援の包括性やその継続性を特徴としている。そのケースにおいて，担当後見人が，行政との連携の重要性について指摘しているのは注目に値する。その理由は，行政は，個人情報を保管し，住民との信頼関係を構築しやすく，

さらに実施への権限を有しているからである。
　上記の事例において，とくに注目したい点は「後見人」と「被後見人」との関係に関わることである。つまり，当事者であるNさんの代わりに「後見人」としての法人がどのような「代理」の権限を持ちうるのか，ということである。その点に関して少し法制度的な側面を紹介しつつ，認知症の人への支援の観点から，日本の「成年後見制度」とドイツの「世話制度」の関わりを対照化してみたいのである。

3　成年後見制度の導入とその社会的背景

　2000年は区切りのいい年である。別の言い方をすれば，日本の社会福祉制度の分岐点を画す年である。記述のように，この年に，社会福祉法(5月)・介護保険法(4月)・成年後見法(4月)，というような諸法が立て続けに施行されたこと，すでに述べたからである。その社会的背景として，「措置」から「契約」へ，という社会的支援における転換が進められたことは，契約しうる当事者の権利が保障されていることも了解される。また，成年後見法が諸個人の権利能力に関わる制度を改善する目的であること，これも自明である。
　まず，成年後見制度の理念および基本的な構造について概観したい。

(1) 成年後見制度の理念

　「成年後見」という用語は日常的に使用するものではない。まず，「成年」という用語について確認してみたい。

　　　年齢二十歳をもって，成年とする（「民法」第4条）

　民法では，「権利能力」と「行為能力」とは区別されている。権利能力たる「私権」の享有は「出生」に始まる（第3条）。だが，「成年」に満たない「未成年」には行為能力である法律行為は認められない。したがって，未成年者の「後見」には「親権者」があたるが，その親権を行なうものがいない場合には，「未成年後見人」が家庭裁判所により選任される。
　ここでは，「成年者」が対象である。

精神上の障害により事理を弁識する能力を欠く常況にある者については，
　　　家庭裁判所は，本人，配偶者，四親等内の親族（中略）の請求により，
　　　後見開始の審判を開始することができる。（「民法」第7条）

　「成年」であっても「事理を弁識する能力を欠く」症状の場合には，「成年後見制度」が活用できる，というのである。ここに言う「事理を弁識」とは，「判断能力」を指す，と言われている。「判断能力を欠く」，もちろんその審理と審判は家庭裁判所の権限でああるが，その「常況」にあるものは「後見」を得られる。その「後見」についてである。
　成年後見制度は，明治期施行の旧民法を改正したものであり，その「後見」の内容が異なる。つまり，旧民法では権利が剥奪されたうえでの後見である。現行の「後見」ではその非権利性を修正して，当事者の権利能力を承認したうえでの「後見」である。ちなみに，ドイツ語では"Vormundschaft"，という。英語では"guardianship"という。日本語の「後見」の意味は，「背後にひかえて世話をすること」である。
　「後見」の内容は，被後見人と後見人とのあいだの関係のあり方に関わることであり，またその後見制度において制度的要諦をなすものである。その一端は，旧民法と改正民法との改正点によってうかがい知ることができる。以下に，その改正上の5つの要点を掲げる。

　　①後見の内容が硬直的であり，被後見人のすべての行為が無効とされた。
　　②判断能力の低下が軽度の場合にあたる後見が設定されていなかった。
　　③広範な資格制限が定められ，いわゆる「スティグマ」を伴っていた。
　　④被後見人は戸籍に記載されることで，戸籍の「穢れ（けがれ）」が忌避された。
　　⑤禁治産宣告には精神科医の鑑定を要したが，その費用が高額であった。[2]

　旧民法から現行民法での新しい「後見制度」への転換，その新しさは，以下のような新しい後見制度の理念に見出すことができる。

　　　成年後見人は，成年被後見人の生活，療養看護及び財産の管理に関する

事務を行うに当たっては，成年被後見人に意思を尊重し，かつ，その心身の状態及び生活の状況に配慮しなければならない（「民法」第858条）。

この点を手掛かりにしながら，その「転換」の意義を，後見人と被後見人との関係の変化として検討してみたい。

大きな転換を集約して言えば，以下の通りである。つまり，「禁治産宣告」は後見人の選任とともに，同時に当事者の法的無能力を宣告し，その旨を戸籍に記載することであった。その改正点は「後見人」制度を踏襲しながら，後見・保佐に加えて補助を導入した。また，戸籍記載の廃止に代って成年後見登記制度が創設された。

さて，法務省の「広報誌」は，成年後見制度に申し立て可能な人に関して記述している。つまり，認知症・知的障害・精神障害などによって「判断能力の低下した人」に関するが，利用区分の補助・保佐・後見の判断基準はあいまいであり，その判断は医師・家庭裁判所に委ねられている。

重要な点として指摘したいのが，後見人の職務に関して，「判断能力の不十分な方々を保護し，支援するのが成年後見制度[3]」，という点である。この説明における「保護・支援」が，成年後見人と被後見人との関係を示すものである。もうひとつ，同じ「広報誌」によれば，「成年後見人等は，本人の生活・医療・介護・福祉など，本人の身のまわりの事柄にも目を配りながら本人を保護・支援」することを職務とするのであり，ただし，その「職務は本人の財産管理や契約などの法律行為に関するものに限られる」という。つまり，「食事の世話や介護」は職務ではない，とするのである。この趣旨に従うと，後見制度は，財産管理や契約などの法的行為の支援を中心職務として，直接の身体介護は除外しているのである[4]。

「世話制度」に関する仔細は後述することにしたいが，ここでは「保護・支援」に関わり，ドイツの「世話法」の基本原則のひとつを引き，上述の日本の「後見制度」と対比させたい。

　　行為能力剥奪・制限の宣告は廃止する。
　　成年者のための後見および保護を，「世話」という新しい法制度に置き換える[5]。

ドイツの「世話制度」は後見・保護の否定のもとに成立している。他方，日本の「後見制度」は「保護・支援」を継承している。つまり，後見人の職務は以下のように解釈される。後見人は被後見人の判断の能力の程度に応じて，したがって，補助・保佐・後見の職務範囲のもとで，対象たる被後見人に対して「保護・支援」を行なうのである。その後見の在り様は実に「具体的」であり，同時に「個別的」である。この後見人・被後見人の関係に比べると，ドイツの世話人・被世話人との関係は「抽象的」，および「普遍的」に思える。そこには「後見・保護」から「世話」への基本理念の転換がうかがえるのである。

　以下，対比に伏在する両国の生活・文化の個性の一端を発掘するために，まずは，日本の「後見制度」の社会的・文化的背景を検証してみたい。

(2) 成年後見法の制定とその舞台裏

　さて，旧民法では「心身喪失の常況にある者」については，「禁治産・準禁治産」が宣告され一切の法律行為は無効とされた。この法律は一方で当事者への保護としてはたらくが，他方で権利の剥奪を意味する。明治の民法の公布から2000年4月の民法改正に至るまで，実に110年が経過していた。その改正に伴って，成年後見制度の導入をみたが，その条文は，明治「旧民法」の改正によるものである。改正であるからにはそれ相当の改正の意図がなければならないし，事実，改正点をめぐる審議が展開されてきた。そこで，新しい「法定後見法」の成立に向けた舞台裏での審議経過を辿りながら，新法の理念づくりを跡づけておきたい。

　　　1995 (平成7) 年6月　　法務大臣の諮問機関・法制審議会民法部会は，法務省民事局内に「研究会」の設置を決定。
　　　　　　　　　7月　　民事局内に「成年後見問題研究会」(座長：星野栄一東京大学名誉教授) が設置される。
　　　　　　　　10月　　法制審議会民法部会は，「成年後見小委員会」を設置。

法制審議会民法部会は，この当時，介護保険法が2000年に施行予定であることを前提に，その法との「同時施行を目途」とした，「法定後見法」の審議を展望していた。[6]

　　1997（平成9）年9月　成年後見問題研究会の「成年後見問題研究会報
　　　　　　　　　　　　告書」の公表。

　この「報告書」は，「法制審議会における審議の基礎となる論点整理，調査研究の結果をまとめた」ものである。そのなかで本章に関わる点のみを抜粋してみたい。
　まず，「立法の形式」については「民法の改正」とする。「禁治産・準禁治産制度の整備の在り方」に関しては，①現行2類型の名称を改め，3類型として制度化，②戸籍への記載に代わる別の公示方法の検討，など。そして，後見・保佐制度の整備のあり方，さらに「任意代理制度」を公的機関の監督の下に置くこと，などが審議された。重要な論点は，「基本的な理念」にある。以下，その原文を掲げる。

　　新しい成年後見制度の整備に当たっては，現行法制の理念である「本人
　　の保護」と新しい理念ある「自己決定（自律）の尊重」（残存能力の活
　　用，ノーマライゼーション等の理念を含む。）との調和を旨として，利
　　用しやすい柔軟かつ弾力的な制度を設計するよう努めるべきである。[7]

　その「理念」（案）において，「本人の保護」と「自己決定（自律）の尊重」との調和，が「成年後見問題研究会」の一致した見解であることに注目したい。そして，新法が上程されて施行されるまでに，もうひとつの過程が必要であった。

　　1998（平成10）年4月　成年後見小委員会「成年後見制度の改正に関す
　　　　　　　　　　　　る要綱試案」を了承・公表。
　　1999（平成11）年2月　法制審議会総会，「民法の一部を改正する法律案
　　　　　　　　　　　　等要綱」を決定し，法務大臣に答申した。

その「要綱」において注目すべき点，3点を挙げよう。①任意後見人，およびその監督人を法制化すること，②旧制度では後見人は「権利剥奪」として戸籍に記載されたが，改正においては「成年後見登記制度」を新設すること，③身上配慮義務などである。その「身上配慮」に関しての法制化は新しい「理念」に相応するものである。その解説が認められている。

　　自己決定の尊重及び身上監護の重要性を考慮して，現行民法第858条の規定に代えて，成年後見人等は，その事務を行うにあたっては，本人の意思を尊重し，かつ，本人の心身の状態及び生活の状況に配慮しなければならない旨の一般的な規定を創設する[8]。

　先に確認したように，「本人の保護」と新しい理念，つまり「自己決定」との「調和」が新しい法定後見制度の核となるものである。その一端を示しているのが，上記引用の言説である。「本人の意思を尊重し，かつ本人の心身の状態及び生活の状況に配慮」すべきという。この理念は国際的な「自己決定」重視の動向を念頭に置き，その理念を日本の「法定後見制度」に導入しようとしたものである。その意図と法制度化は高く顕彰されるべきことである。

(3) 成年後見制度の活用状況

　先の事例に戻ろう。Nさんは，金銭管理や社会サービスの契約を結べない心身状況にある。Nさんの後見を引き受けたのは法人であり，いわばNさんの「代理」に就いたように見える。たしかに，「ゴミ屋敷」の生活環境は一変し，社会サービスも整備された。だが，その「代理」はNさんの「保護」を引き受けたかに受け取れる。さて，「成年後見制度」とは権利剥奪されてきた「被保護者」と「保護者」との関係を廃棄することでなかったのか，旧民法とどの点が改善されたのか，改めて問う必要がある。少し抽象的に言えば，「代理」は「成年後見」制度の理念に反するのではないか，という点である。

　制度は法改正によって，たしかに改善された。だが，現場，成年後見制度

を利用するはずの状況において制度の利用は進んでいないように見える。この制度改革が目指す理念が，利用する人たちにおいて，なお共有されていないように思われるのである。そこで，以下に成年後見制度の利用状況を参照しながら，成年後見制度運用の難点，あるいは課題について検討したい。

成年後見制度の活用状況が，2つの図に示されている。その特徴的な諸点を採りあげてみたい。**図表 5-1** では，成年後見制度の利用者数の推移を示している。2013（平成25）年12月末日時点での成年後見制度の利用者数は，合計で17万6564人であり，対前年比約6.2％の増加を示している。2000年にスタートしたこの制度，少しずつながら市民権を得ているようではある。ちなみに，2007年時点での日本では，約12万人，ドイツでは約120万人の利用者，人口比で比較するとドイツが約10倍の利用者である[9]。

もう一点，**図表 5-2** での成年後見人と本人との関係がとくにドイツとの対比において注目される。最近年でいえば，本人と成年後見人との関係では，配偶者などの親族関係が全体の約42.2％であり，前年の約48.5％を下回っている。一般的に言えば，日本では親族依存度が高いのであるが，この件に関しては後見の「専門性」が重要な要因であったのである。

(4) 成年後見制度の基本構造

「後見」という制度の内容は，旧民法と改正民法において根本的に異なる。前者では権利が剥奪されたうえでの「保護」という後見である。後者はその非権利性を修正して，権利を承認したうえでの「後見」という「保護」である。だが，その「保護」の内容において，旧民法と新民法との，その区別は明確には断言しにくい。

すでに，その先行する草稿を上掲したが，その「要綱」の記述に近似している。「意思を尊重し，かつ心身の状態及び生活の状況に配慮」は踏襲され，だが，「自己決定の尊重及び身上監護の重要性を考慮」という改革上の重大な理念が削除されている。

ここには，成年後見人は当事者の「生活，療養看護及び財産の管理に関する事務」を職務とする，とある。そこで，この成年後見法の趣旨に沿って，介護保険制度と関連づけながら，その制度的枠組みを構想してみよう。

2000年に介護保険法と成年後見制度が施行された，そのことはすでに述

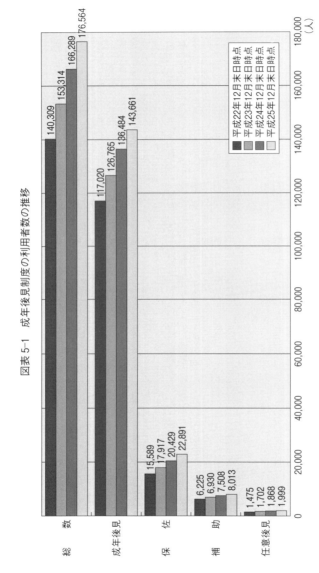

図表5-1 成年後見制度の利用者数の推移

(注1) 成年後見制度の利用者とは、後見開始、保佐開始又は補助開始の審判がされ、現に成年後見人等による支援を受けている成年被後見人、被保佐人及び被補助人並びに任意後見監督人選任の審判がされ、現に任意後見契約が効力を生じている本人をいう。
(注2) 成年後見制度の利用者数は、平成22年から調査を開始した。
(出所) 最高裁判所事務総局家庭局「成年後見関係事件の概況」(2013年1月~12月)。

図表 5-2 成年後見人等と本人との関係別件数

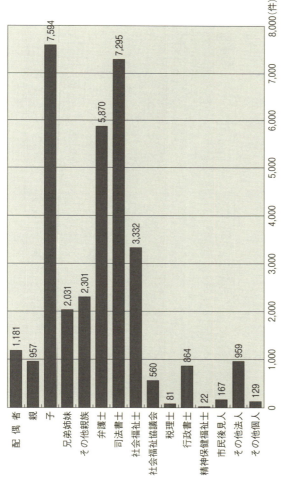

(注1) 後見開始、保佐開始及び補助開始事件のうち認容で終局した事件を対象とした。
(注2) 成年後見人等の複数の成年後見人等が該当する「関係別」の個数を集計したもの（33,343件）を母数としており、1件の終局事件について複数の成年後見人等が該当する場合に、複数の「関係別」に該当することがあるため、総数は、認容で終局した事件総数（31,703件）とは一致しない。
(注3) その他親族とは、配偶者、親、子及び兄弟姉妹を除く親族をいう。
(注4) 弁護士、司法書士及び行政書士の数値は、弁護士法人233件、司法書士法人197件及び行政書士法人27件をそれぞれ含んでいる。
(注5) 市民後見人とは、図表5-1に同じ。
(出所) 図表5-1に同じ。

第5章　認知症の人と成年後見，あるいはドイツの世話制度　　141

図表 5-3 介護保険制度と成年後見制度

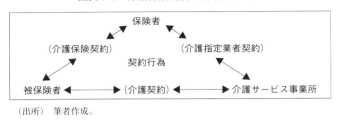

(出所) 筆者作成。

べた。ここでは，2つの法律がどのように関連しているかについて検討したい。**図表 5-3** において，保険者と被保険者，被保険者と介護サービス事業所，および保険者と介護サービス事業所は，いずれも契約関係にある。とくに，被保険者が保険料を納付し保険給付請求権をもとに，要介護認定によって認定を得れば，介護サービス利用者として介護サービス事業者と「介護契約」を締結する。その際，「介護計画（＝ケアプラン）」の作成を前提として介護給付（＝介護サービス）が提供される。

介護サービスの利用者がその利用にあたってサービス提供事業者と「契約」を締結する点が，2000 年の社会福祉サービスにおける画期的な転換点であった。なぜなら，従来，サービスを受ける人は常に受給される人として，「受動性」が刻印され続けてきた。2000 年は，利用者が「契約関係」の導入を通じて，介護市場に限定されるとはいえ，サービス提供者と対等の位置を獲得できる，という点で画期をなす年のはずである。

さらに，契約関係への転換を支援するために成年後見制度が導入された。介護サービスの提供を受けるための「介護契約」を締結できない，たとえば認知症の人を支援するための社会的支援である。なぜなら，契約当事者の判断能力が低下していれば契約できず，介護サービスが受けられないからである。そこで，当事者，あるいは配偶者，もしくは 4 親等内の親族が家庭裁判所に審判を申し立てるのである。その意義は以下のように示されている。少し長文ながら，後にもう一度議論の対象とするので引いておきたい。

> 法定後見制度においては，家庭裁判所によって選ばれた成年後見人等（成年後見人・保佐人・補助人）が，本人の利益を考えながら，本人を代理

して契約などの法律行為をしたり，本人が自分で法律行為をするときに同意を与えたり，本人が同意を得ないでした不利益な法律行為を後から取り消したりすることによって，本人を保護・支援します。[10]

　ここでは，以下のような2つのことが確認できる。法定後見制度には，当事者の判断能力の程度に応じて，「後見」「保佐」「補助」の区別のあること，もうひとつはその職務が「代理」「同意」「取り消し」などの表現で示されていること。このなかだけでもいくつかの論点がある。たとえば，「後見」「保佐」「補助」それら区別の基準はなにか，当事者の権利能力と「代理」との関係の調整は　申し立ては配偶者でなければ4親等内の親族であるがそれは介護現場では不可能に近い，などである。だが，ここではその仔細に立ち入らない。

　受動性から能動性への転換，それによる当事者性の認識への期待，それは，契約という法律関係が介護保険に取り込まれたことへの評価である。そこでいま，その期待は実現しつつあるのか，潰えつつあるのか，そうした根本的な問いの前に立たされている。ひとつの問いは，介護サービスの受給における介護契約についてであり，いまひとつは契約を担えない当事者の後見制度の活用についてである。順に検証しよう。

　これらの問題性に関しては，明快にして根底的な本澤巳代子の論文に依拠しつつ，その開示を試みてみたい。

　さて，対象とされるのは介護保険法と成年後見法の施行，その推進役としての厚生労働省とサービス事業者としての民，そして受動性を能動性に転換することを期待される民としての利用者である。事業者と利用者のあいだにて介護サービスを事実上管理するのは，「介護支援専門員（ケアマネージャー）」という専門職である。その主たる職務は「介護計画（ケアプラン）」の作成にある。その重要性についてはすでに触れた。ケアマネージャーは介護サービス事業者に所属し，そのケアプラン作成において，同時にそのサービス提供を受託することが期待されている。

　ケアマネージャーには，認定「申請」の代行が，さらに要介護認定に先立つ「訪問調査」が委託され得る。さらに「ケアプラン」の作成を引き受け，所属事業者に介護サービスの提供を引き継ぐ，つまり，ケアマネージャーは

事実上の「営業開拓者」である。「ケアプラン」の作成，それは利用者自身が作成し得るのであるが，ケアプラン作成がケアマネージャーの収入である限り，その実現性は低い。さて，そこで法によれば「契約」の出番である。「申請」の代行から「ケアプラン」の作成に至るまで一途に「受動性」である利用者が，ここで当然「主体性」を取り戻す，だが，そのような筋書きは予想できないであろう。悪いことに，ケアマネージャーが利用者の「ケアの質」に真摯に向き合うには，その拘束時間の長さなど勤務環境はあまりに過酷であり，当事者本位と所属する事業者利益誘導のあいだで引き裂かれる魂となるほかにない。

　本澤巳代子は「行政行為」と「法律行為」というカテゴリーを使用して説明しているが，上述の内容では，「行政行為」によって「契約行為」が封じられている，と解釈できる。もうひとつの論点は，当事者の判断能力が低下した場合での対応についてである。官の厚生労働省は以下の通知を送っている。

　　利用者の判断能力が不十分な場合は，家族等が第三者のためにする契約を締結することも可能。(中略) また，判断能力が不十分となった場合，予め家族等に契約者の変更を行うことができる条項を設けることも可能。[11]

　その「官」たる厚生労働省に対して，本澤の言い分は以下の通りである。

　　あくまでも保険給付は本人給付とされているのであるから，要介護者・要支援者本人を契約当事者とし，その意思能力が十分でない場合には，成年後見制度を利用し，選任された成年後見人・保佐人・補助人が，代理人として，本人に代わって事業者と契約を締結するべきである。[12]

　「契約」社会への転換は，2000年の入り口で逡巡しているように見える。民の一方の事業者は利用者としての客を囲い込みたい，民の他方の利用者には転換の意義云々以前に「契約」そのものが面倒である，と見える。官はその転換の意義を知ってか知らずか，「親族扶養」を重視する。ここで，関連する法を掲げておこう。

> 直系血族及び同居の親族は，お互いに扶け合わなければならない。(「民法」第730条)

> 直系血族及び兄弟姉妹は，互いに扶養をする義務がある。
> 2　家庭裁判所は，特別の事情があるときは，前項に規定する場合のほか，三親等内の親族間においても扶養の義務を負わせることができる。
> (「民法」第877条)

　以上，いわゆる「親族扶養」と呼ばれ，「保護主義（paternalism）」とも呼ばれている法的根拠である。ここでは，成年後見制度をめぐる，「契約」に拠るべきことが，たとえば，認知症の人における「権利能力」としての主体化が，「親族扶養」というお決まりの図式にはめ込まれてしまっている。

4　ドイツでの「世話制度」の活用事例

　すでに日本での事例を紹介したが，ここでもドイツにおける以下のような事例を紹介したい。認知症の症状が気づかれ始め，やがて重くなる過程を支える，そのソーシャルワークの実践として追跡できることが貴重である。[13]

> **事例**：主人公はシュタイン夫人（Inge Stein）であるが，身寄りがなくデュッセルドルフ市ゲレスハイム地区で一人暮らしを続けてきた。認知症状によって支払いなどの金銭管理が不可能になり，その金銭管理をボランティア世話人の「代理」で支える。90歳の認知症の人であっても，在宅で一人暮らしを実現できる支援のケースとして注目の事例である。

(1)　事例の再構築
　以下，ポイントとなるステージを軸として「事例」を再構築してみたい。
①社会関係の形成
　一人暮らしの生活なかで「ツェントルム・プルス（Zentrum Plus）」にお

いて食事などのサービスを利用する。その機能は援助・入居など高齢者支援施設に設けられて，食事などだれでもが利用できる集いの場である。ここに，ソーシャルワーカーなどの，援助専門職が配置されているのが，高齢者での認知症状発見などでの気づきに結びつくのである。

②認知症状の気づき

Sさんは，ある日大量の未開封郵便物を「ツェントルム・プルス」に持ち込んだ。ソーシャルワーカーは，「世話人」の必要性を認識して，福祉団体ディアコニーのボランティア世話人にSさんの「世話」を依頼する。この「世話」は私法的な契約によるボランティアな性格のものであり，「世話法」に基づく世話裁判所の審判を介さないものの，「鑑定」は必要とされる。つまり，ソーシャルワーカーが仲介した，Sさんとボランティア世話人との「世話」契約関係である。

③精神科医での診断

Sさんには，世話人との契約のために，医師による「認知症」との診断が不可欠である。ソーシャルワーカーは，デュッセルドルフ市における「デメンツ・ネッツ（＝認知症ネット）」の協働者であるヘフト医師に診断を依頼する。その「認知症」の診断によって，上記のように世話人がつけられ，さらに介護保険による認知症の人のためのサービスが提供されるのである。

④介護保険サービス

ドイツの介護保険では，現物給付（介護サービス）とともに現金給付を選択することができる。2005年の介護保険改正において，在宅の認知症の人，それぞれに対して年間460ユーロの給付が決められた。その給付を使って「散歩」などのボランティアへの支払いや，「認知症カフェ」への支払いに充てることができるのである。

⑤老人ホームへの入居

2度の転倒・骨折を機に，ショートステイ，そして介護つきホームへの入居となる。その「入居」をめぐり，世話人とソーシャルワーカーに論争があったという。Sさんの意思を受けていた世話人は「在宅」を，ソーシャルワーカーは「ホーム入居」を主張したという。Sさんは，入居後もツェントルム・プルスに週1回の割合で参加していたが，次第に症状が進行し通えなくなっている。（現在入居中）

(2) 事例から浮かぶ論点
　このドイツの「事例」から読む論点は4つである。
①「ボランティア世話人」の選任
　Sさんは，公益的六福祉団体のひとつ「ディアコニー」，その運営する老人ホーム「ツェントルム・プルス」に元気なうちから通っていた。そのことが，ソーシャルワーカーによるSさんの認知症状の発見から支援へと，スムーズにつながる契機となっている。一人暮らしの認知症の人であっても，集いの場「ツェントルム・プルス」での日常的な会話が，ソーシャルワーカーに届いていたことが，その後のSさん支援における「個人の意思」の尊重につながることの意義は，非常に多大である。
②Sさんの判断能力の低下（鑑定）
　Sさんの事例では，公的請求書支払の緊急性を重視することから，ディアコニーに登録のある「ボランティア世話人」とSさんとの契約を優先し，並行して世話裁判所に「鑑定」を依頼したのである。判断能力に関する「鑑定」は極めて重要な介入であり，ドイツの法では裁判官が認知症の人に直接面会することが，定められている。
③金銭管理
　税などの未納は，財産の差し押さえなど，後々面倒になりやすい案件。まず，その処理が世話人によって行なわれる。そこで，一点留意すべきことは，郵便物の開封は本人以外にはできない，というドイツでの「プライバシー保護」。それゆえに「世話人」が不可欠なのである。老人ホームでの居住者は，それぞれの郵便箱が設置されているのである。Sさんへの支援は，さらに拡大する。毎日通う「カフェ」，「商店」，それぞれに支払ができていない。後払い，請求書を世話人に送ることでSさん自身の日常性を確保できる。さらに，銀行での預金引き出しがある。これも，Sさんの「顔パス」で可能となり，大いに本人の満足感を満したようである。
④身上監護
　「身上監護」の用語は厳めしいが，平たく言えば日常生活支援である。したがって，専門職としてはソーシャルワーカーの出番になるが，ここでは世話人の金銭管理とならぶ重要な職務である。とくに，病院での診断，さらに

入院・手術などでの判断や老人ホームなど施設入居の判断に関することである。Sさんの事例では，老人ホーム入居をめぐって，世話人とソーシャルワーカーとの意見対立もあったという。

(3) 倫理委員会

事例のなかには登場しなったのであるが，ディアコニー デュッセルドルフ本部には，「倫理委員会（Ethik-Komitee）」が設けられ，「倫理相談」を担当している。福祉現場におけるソーシャルシャルワーカーなど専門職への，現場での「決定」支援であり，その「決定」責任を個人に押しつけない，そうした「care for carer」の仕組みである。そのメンバーは，ソーシャルワーカー3名，看護師，医師など14名で構成されている。介護者への支援，あるいは現場専門職への支援，その点において，日本の介護保障の制度は重大な欠陥を抱えている。「倫理委員会」に付された説明にこうある。

> たとえば，子どもの保護，あるいは死に逝く人に添う場合など。しばしば，日常的なそして人間的衝突がある。（専門職が）自分の責任の範囲を巡って，あるいは厳しい決定に直面する時における寛大さと責任との間での動揺に落ち込む時においてである[14]。

5　世話制度の理念と基本構造

日本の「成年後見制度」とその現況およびドイツの「世話制度」についてはすでに述べた。ここでは，ドイツの「世話制度」の検討を試みたい。成年後見と世話制度との対比における差異の検出はもちろんであるが，ここではさらに，日本の成年後見制度の孕む根本的課題，つまり個人の意思における「個人」，あるいは「自己」の未成立について，その背景たる日本の文化的位相に踏み込みたいのである。

(1) 世話制度の基本構造

後見制度と世話制度，そのいずれにしても，後見人と被後見人，あるいは

世話人と被世話人，そのあいだには「する人」と「される人」との，つまり自己の生活と他者の介入がぶつかり合い，そのあいだは軋むかのように思える。ドイツの「世話法」は民法典の改正に基づくものであり，1990年9月に成立，1992年1月施行である。

ドイツの「世話制度」は，「世話法（Betreuungsrecht）」と呼ばれるもので，「民法典」で規定され，その運用の基本は3つの組織の協働である。それは以下の3つの組織である。なお，ドイツは周知のように地方分権による連邦体制を特徴としているが，この「世話法」に関しても，施行に際しての「州法」，さらに「要綱」が定められる[15]。まずは，ノルトライン・ヴェストファーレン州世話法に則して，それらの概要を伝えたい。

①**世話官庁**：可能性は3つである。まず，郡から独立的な市，郡のなかの大都市その他の群に所属する市と村は郡である。それらは，「世話官庁」と副称される。この世話官庁は，世話協会としての権利能力ある社団の承認に関する決定について管轄権を有している。

②**世話協会**：3つの義務が課されている。まず，「公益的な目的」を追い求めるものであること。また，世話人として少なくとも，ひとりは専業的世話人，その者は社会的ワーク（Sozialarbeit），もしくは社会教育学（Sozialpaedagogik）のキャリアを有し，あるいはそれらに相当する能力を有すること，または長年後見人としての経験を有する者が配置されるべきである。さらに，暦年に1回の報告を行なう義務がある[16]。

③**世話裁判所**：世話裁判所は従来「後見裁判所」と呼ばれてきた。改正後，現在の名称とされた。主たる職務は，世話の必要性の鑑定，および世話人の選任である。また，上記3組織は「業務共同体（Arbeitsgemeinschaften）」を構成するものとして，地域での協働を促進するための連携が求められているのである。

さて，ドイツでの世話制度での枠組みは理解できる。日本の後見制度との対照でいえば，「世話協会」が耳新しいといえる。だが，法の根本は世話人と被世話人との関係の改善にある。

(2) 被世話人と世話人

まず，世話人の職務を簡潔に記した資料を掲げてみたい。

　　世話人は，職務範囲でのみ当事者を代理するが，その職務範囲は裁判所によって委託されたもので，たとえば金銭的な事柄である。さらなる職務領域は，たとえば健康配慮（Gesundheitfuesorge）と居所指定（Aufenthaltsbestimmung）である[17]。

ここに言う「健康配慮」とは，検査や手術，さらにあらゆる治療行為などについての援助である。また「居所指定」とは，住居の確保や施設への入所などへの合意，あるいは精神科病院・精神科医院への入院の許可に関する申請と同意などである[18]。なぜこれほどに，世話人の仕事について，うるさいほどに細かに制限を設けようとするのだろうか。実は，この点に「後見」ではなく，「世話」という概念を導入した意図があるからである。つまり，世話法は従来の「後見（Vormundschaft）」「保護（Pflegschaft）」を廃棄し，「世話（Betreuung）」の概念を採用したのである。ドイツ法務省の啓発的資料から，その関連個所を引いてみたい。

　　世話の本質は，以下の点にある。世話人成年の人格のために，そしてその人のために厳密に確定された範囲内で関わるのである[19]。

さて，「世話」の範囲を問うことは，世話とはなにか，という本質的な問いに深く関わる。つまり，別の表現を試みると，「世話」を受ける被世話人は「個人の意思」をどのように表現できるのか，と問うことでもある。そこで，以下に日本の後見人とドイツ世話人，それぞれ職務範囲に関する対比を試みてみたい。下記の引用は「後見」の範囲についてである。

　　成年後見人等は，本人の生活・医療・介護・福祉など，本人の身のまわりの事柄にも目を配りながら本人を保護・支援します[20]。

「後見」と「世話」との差異はさしあたり以下の点である。後見人は被後見人の判断能力の低下状況に相応して後見を実施する。他方，世話人は世話法の定めの範囲のなかでその義務を遂行する。「世話法」の定め，これが重要である。

> 世話人は，被世話人の福祉に適うように，被世話人の事務を行なわなければならない。被世話人の福祉には，その能力の範囲内で本人の希望と考えに従って生活を形成する可能性も含まれる。[21]

上記「世話」の範囲を明示したのが，2005年の「世話法」改正であり，そこに「法律上の世話（rechtliche Betreuung）」が挿入され，「後見」の用語が破棄され「世話」において被世話人の権利能力が確保されるのである。つまり，繰り返せば「後見」から「世話」概念への転回において，行為能力の低下した被世話人の「権利能力」を法的に保障しようとするのである。

ここに抽象的な「能力」という概念が争点として浮上する。ドイツの「世話制度」は「行為能力」と「権利能力」を基本として組み立てられているからである。ドイツでは，「成年」は18歳に達したものである（「民法典」1908条 a）。ただし，満17歳でも世話を命じることができるが，効力は当事者が18歳に達してからである。[22] 日本でもドイツにおいても，後見・世話の必要性は，成年者が「法の介入を必要とする事項の全部または一部を，当事者が処理できない状態」[23]の場合に限られている。その「状態」を人に合わせて類型化している。つまり，老年精神病者・精神病者／精神障害者・アルコール／薬物およびその他の中毒物質への依存症患者・知的障害者である。とはいえ，その症状の医学的診断は即「世話」を正当化させるものではない。

世話制度の利用は，「世話人」の選任を目的とするのであるが，その手順を踏まなければならない。以下はその手順の要点である。

①**申し立て**：世話人選任手続きの開始（本人・家族・世話裁判所の職権）
②**世話人選任**：専門家による本人の「鑑定」・世話官庁の本人への「社会調査」・裁判官による本人への「審問」
③**世話人決定**：裁判官による世話人への「告知」

図表 5-4　成年後見制度（日本）と世話制度（ドイツ）

成年後見制度(民法改正)	(根拠法)	世話法（民法典改正）
「成年後見制度」の導入 ① 補助 ② 保佐 ③ 後見	(目的)	「世話法」の導入
家庭裁判所	(関連機関)	世話裁判所 世話官庁 世話協会
親族優先 市民的世話人（未整備） 司法書士 社会福祉士 弁護士 社会福祉協議会 　など	(後見人／世話人)	①個人的世話人優先 　家族 　　ボランティア世話人 ②職業的世話人 　ソーシャルワーカー 　弁護士 ③法人世話人（世話協会） 　など
金銭管理	(後見／世話)	金銭管理 身上監護
終生	(後見人／世話人の任期)	最大で5年間

（出所）　筆者作成。

④**世話人の面談**：裁判官による世話人への「面談」，出頭を求め「義務付与」のための「面談」[24]

　後見制度と世話制度とを，その基本的生活に関して，対比的に図示すれば**図表 5-4**のようになる。

　こうした「世話人」選任の手順は，日本の「後見制度」と外見上では同一である。日本の「後見制度」が，ドイツの制度などヨーロッパの諸制度をモデルした以上当然のことではある。ただし，その根本的な精神において異なる。本章の「まとめ」として，後見・世話制度の「根本的」課題に立ち入ってみたい。

6 「後見」「世話」をめぐる抽象性と具体性

　すでに触れたことなのだが，ドイツにおいて「世話」という概念を採用したのは，「後見」という制度の内包する，つまり被後見者への後見人の「介入」，そのことを回避したい，それが主な目的である。なぜそれほどに「後見」と「世話」の内容的差異にこだわるのだろうか。

(1) 抽象性としての「人格」
　「世話法」の基本理念となるのは，従来の「後見制度」における被後見人の「権利剥奪」，その歴史的反省である。法制上の歴史的経緯でいえば，被後見人の「無権利状態」から「権利能力」と承認であろう。仔細にいえば，成年であっても認知症症状によって「行為能力」の低下により「世話」が必要とされても，その被世話人の「権利能力」は保障されねばならない，ということであろう。ところが，その「権利能力」はどのように保障されうるのか，ここに少し抽象的な議論を必要とするのである。切り口は，人間の権利能力は，出生の完了とともに始まる，これである[25]。この文言は，1874年に起草が開始され，25年の歳月をかけ1900年1月1日に施行された「ドイツ民法典」，その第1条に掲示されたのである。さらに，その「権利能力」を有する「人間」は，「人格」と呼ばれる。

　　　人間は，市民社会において一定の権利を享受する限りにおいて，人格（=Person）と呼ばれる[26]。

　「自己決定」の尊重のための社会的整備，その前提として個々人の「尊厳」の承認がある。つまり，人間は共同体において，お互いに人格を持つものとして認め合う存在なのである。だから，対応能力のない幼児や認知症の人であっても「人格」を持つのである。それは，「厳格な意味での人格」（=対応能力が認められる）に対する「社会的意味での人格」である。判断能力や自由な言語能力を失っても，その人は「人格」を公的に保障されるのである。ドイツ「基本法」（1条1項）は人間の尊厳の保障とともに，「すべての国家権

力に対する義務としての不可侵性ならびに尊重と保護」とを明記する。
　その「人格」のことである。現在のドイツ，それは1871年の「ドイツ帝国」の成立に始まるのであるが，その主導的領邦のひとつがプロイセンである。そのプロイセンにおいて当時すでに認められていたのである。「人格」の概念によって人間の権利を保障する。その「人格」について，日本では，すでに和辻哲郎が紹介をしている。これに関わって言えば，「人格」の英語personは，13世紀に使用され始めている。始源は，ラテン語の「persona（ペルソナ）」であり，役者が舞台で使う「仮面」を意味する。日常の生活の様々な局面において，職場の顔・家庭の顔・遊びの顔，というように「仮面」を取り替える，そうした「個人」の多面的な「顔」を表現している。17世紀には，「人格」はpersonalityへと展開して，その人の「個性」を強調し始める。共同体において認めること，これが極めて重要なのである。

　　それは人間（＝Menschen）であって，ドイツ人（＝Deutschen）ではない。その差異の意義に関して，広渡清吾は「その〈国民〉主義的性格よりも，むしろその抽象的，普遍的性格が特徴的」，と指摘する。

　改めて確認したい。人格の本質，あるいはその核心にあるのは「人間の尊厳（dignitas humana）」なのであり，それはすべての国家権力に対する義務としての不可侵ならびに尊重と保護が義務づけられるのである。その抽象性において，個々人の多様性を超えて共通性を設定できる。また，人間の尊厳には，個人の意思で決めることだけでなく，自己の生活の環境を形成することも含まれているのである。

(2) 具体性としての「個人の意思」
　日本の「後見制度」とドイツの「世話法」の目的は，いずれも「個人の意思」の尊重，つまり「人格の尊厳」を保障することにある。上述したように，そうした概念は西欧で形成されたとはいえ，世界的に普遍的な意義を有すると思われるのであるが，国内では，その受け止め方には，単純化すれば，2通りの対立的な見解がある。ひとつは，日本は西欧文化を導入する継続性のもとで，「世話」に関わる「個人の意思」についても学ぶべきであるという

もの。もうひとつは，西欧とは「個人」に関する考え方が根本的に異なり，日本の伝統的な家族扶助が重視されるべきであるというものである。

　誤解のないように，まず確認すべきことは，「個人」は孤立した存在として仮定できないことである。つまり，西欧において「個人」あるいは「自己」が課題にされる時，必ずその周りに他者の存在が確証されるはずだ，ということである。ボランティアであったり，あるいはNPO法人での活動であったり，さらに職場での社会的活動であったり，形態はさまざまであったにしても，人と人とが社会的活動においてつながりを持っているのである。

　つまり，そうした社会的活動のなかで，「個人」や「自己」の意思が表明されているのである。だから，ことさらに「個人」「自己」を強調する必要がない，ということである。もうひとつのことは，欧州での「個人」「自己」に関しては日常的な会話のなかで，常に「個人」あるいは「自己」は引き出されている，ということにある。つまり，欧州での会話そのものが，根本的に「もてなし」という「疑問型」を基礎として，その人間関係を形成していることにある。

　Would you like sit down?
　（Sure）
　Would you like something to drink ?
　（Oh, thanks I'd like coffee, thanks）
　Do you take sugar or cream in your coffee?[31]

こうした会話は極めて日常的であり，そのなかに「個人」「自己」が引き出される形式が備わっている。つまり，欧州においては日常的世界に「個人の尊重」が組み込まれている，この現実認識が重要と思われる。「個人の意思」を引き出し，それを支える共通の世界が形成されているのである。私たち，日本人が学ぶとすれば，「個人の意思」を引き出す，そうした社会・世界をいかに築くか，ということであろう。その人と人との関係が「ケア」と呼ばれるものである。

　1）　田山輝明監修『成年後見の最前線――後見センターからの実践報告』中央法規

出版，130 – 135 頁．
2) 上山泰『専門職後見人と身上監護』民事法研究会，2010 年，32 – 36 頁．
3) 法務省民事局「成年後見制度　成年後見登記」2005 年．
4) 同上，とくに，61 頁以下に集中的に論議されている．
5) H．ベーム他『ドイツ成年後見ハンドブック――ドイツ世話法の概説』新井誠監訳，勁草書房，2000 年，8 頁．
6) 法務省民事局成年後見問題研究会「成年後見問題研究会報告書について」1997 年，125 頁．
7) 同上，126 頁．
8) 法務省民事局「民法の一部を改正する法律案等要綱の概要」1999 年．
9) 芳賀裕「ドイツにおける成年後見制度」(『司法書士』2008 年 4 月号)．
10) 法務省民事局「成年後見制度と成年後見登記」チラシ，2005 年．
11) 本澤巳代子「成年後見と介護保険」(『民商』特集・成年後見法の改革，日本評論社，1997 年) 554 頁．
12) 同上，564 頁．
13) ソーシャルワーカー・P．ビーンスさんの担当した事例，インタビュー：2014 年 3 月．
14) Diakonie Düsseldorf, "Ethik-Komitee," 2012, S.3.
15) 田山輝明編著『成年後見制度に関する調査報告書』ドイツ編，東京都社会福祉協議会，1995 年，102 頁以下参照．
16) 同上，102 – 103 頁．なお，Gesetz zur Ausführung des Breuungsgesetz, S.2170 – 2172. ここでは「ソーシャルワーカー」の配置が示唆されている．拙稿「ドイツにおけるソーシャルワーカー養成と実践の現在――ボローニャ・プロセスを挟んで」(『総合科学』第 20 巻第 2 号，2015 年 3 月) を参照されたい．
17) Bundesministerium der Justiz, "Das neue Betreuungsrecht," S.5.
18) H．ベーム他，前掲書，18 – 29 頁．
19) Bundesministerium der Jusiz, *op.cit.*, S.5.
20) 法務省民事局，前掲書．
21) 法務大臣官房司法法制度調査部『諸外国における成年後見制度』[財] 法曹会，1999 年，59 頁．
22) H．ベーム他，前掲書，9 頁．
23) 同上，10 頁．
24) 同上，201 – 204 頁．
25) 広渡清吾「ドイツ民法典第一条の含蓄」(『ドイツ研究』第 42 号，2008 年) 184 頁．
26) 同上，185 頁．
27) K．シュテルン「人権の思想と基本法の実定性」(『日独法学』11，1987 年) 40

頁。
28)　和辻哲郎「面とペルソナ」(『和辻哲郎全集』第 17 巻，1953 年，所収)。
29)　広渡清吾，前掲書，183 頁。
30)　K. シュテルン，前掲，40 頁。
31)　『ラジオ英会話』NHK 出版，2014 年より作成。

第 6 章
「死」の看取り，その看取りへの協働

1　はじめに

　私はいま，一冊の書を手にしている。その表紙に書名が，こう表現されている。

　　死なないで！　殺さないで！　生きよう！

　一体，だれが，何を訴えているのか。編者は「社団法人　認知症の人と家族の会」である。筆者は家族介護者である。そこに何が起きているのか。その語りをここに引いてみたい。

> 　母の徘徊はどんどんエスカレートし，夜も昼も限りない義父の怒り声…。私はまず義父を殺したい気持ちになりました。大病手術の後の夫をかかえ，夫の看病もあり，生活費のため私もフルタイムで仕事をしていました。寝られなくても仕事にはでなければなりません。毎日毎日が地獄化していました。
> 　義父が外出したら後を追いかけ，足げりをして横の川に放り込んで殺してしまいたい!!　問題行動ばかりの実母も早く死んでもらいたい!!

こんな気持ちも娘，息子の寝顔を見た時にはおさまりますが，それでも翌日になれば…。

　今，義父も実母もホームに入所してお世話になり，まだそれなりに元気です。夫もいまだに入退院の繰返しです。娘，息子は独立し，それぞれ家族もできました。私は相変わらず働き続けて生計をたてています。（女性・59歳）

　新聞の紙面で，介護を苦にしての自殺とか相手を殺してしまったという記事を読むと，私もそんな気持ちになったことが何度もあったと思います。

　最初は，うつ病と診断されてからできないことが日を追って増えてくる苦しみ，そんな夫を病院へ送り迎えしながら「おとうさん，車ごとここから落ちて死んでしまおうか？」と冗談めかして言った時。

　認知症が進行して夜も眠らなくなり騒いで困り果てた時，私は夫の口を押さえつけていました。「殺してやる」。夫は「殺してくれ」と言いました。（女性・65歳）

　五，六年前から，話は少ないし怒りっぽく，たたかれたり，外に追い出されたり，投げとばされたり，倒されたりした時は，心臓もドキドキ苦しくなってしまいました。何回も繰り返され，その時は「殺してくれ，このまま死んだほうがいい」と泣きました。すっかり私も別人になってしまいました。

　デイサービスのケアマネージャーさんのお世話で，ただいまはグループホームにお世話になっています。それまで10ヵ月も悩みました。施設では，まるでいいおじいさんになっています。今になると，どうしてあんな人間だったのかと思うより仕方ありません。（女性・80歳[11]）

　上記の「語り」はいずれも，介護から逃げだせない家族介護者の苦悶であり，認知症ケアの難しさ，さらにここでも家族介護者への社会的支援の少なさが痛感させられる。それでも，在宅から介護施設へと認知症の人が居を替えることで，家族の苦闘はいくらかでも和らぐように見える。だが，認知症

の人は居を自宅から，たとえばグループホームに移したにしても，その先には「死」が待ち構えている。そこには看取りが必要となるはずである。

さて，本章では，認知症の人への「看取り」を主題にしたいのである。だが，上掲の事例が示すように，少なくとも「在宅ケア」において認知症の人を看取る環境は整備されてはいない。むしろ，その先にある「看取り」よりも毎日の「ケア」を無事に勤めること，そのことだけに家族介護者の関心は集中しているように思える。実際にも，認知症の人をめぐる看取りに関する，公表されている事例は極めて少ないのである。

まずは，認知症の人をめぐる看取り，という個別的課題に立ち入る前に，「終末期医療」と「看取り」，という基本的な用語について，最小限の整理を試みておきたい。

> 「**終末期医療**」：医療サイドからの定義，もちろん多くの「死」を見送っている現場からのものである。容態をこれ以上改善できるような治療が望めない場合での，死に関わる医療を定義するものである。別の表現では，「ターミナルケア（terminal care）」とも言う[2]。
>
> 「**看取り**」：福祉サイドからの定義である。死の場所の如何にかかわらず，「死を含めた終末期に提供されるケア」[3]

本章では，引用参考文献による表記は原則として尊重するが，直接に「死」に関わる「ケア」にあっては，「看取り」の用語を使用する。本書の立場は，死の看取りは「時期」が特定されない「ケア」の連続のなかに含まれるものと解釈するとともに，遺族の悲しみのケアをも含む，かなり広い意味において「ケア」の用語を使用するからである。また，死の「看取り」は，日常的な生活のケアの連続性において成立すべき，と考えるからである。とくに認知症の人にとっては，認知症は生活の不自由さを伴うものの，「死」に直結する原因疾患ではなく，認知症の人の死は多くが，病気や転倒に伴う「寝たきり」による衰弱に起因することが認められているからである。

2 認知症の人はどこで死を迎えるのか

(1) グループホームでの利用者・職員の意識

　先の「語り」の引用のひとつに,「グループホーム」という認知症専用施設への入所が介護家族の負担軽減として挙げられている。グループホームに入所した認知症の人は,老いの進行とともに「死」に直面する。「グループホーム」での看取りケアの実情を確認する必要があると思われる。そこで,かいつまんで「グループホーム」に関する,とくに看取りへの期待を促す施設の特徴について概説しておきたい。

　認知症専用施設として「制度」化されたのは,介護保険法の2005年改正によってであり,「認知症対応型共同生活介護」施設としてなのである。その前歴に関してはすでに述べてあるので,繰り返さない（第1,2章参照）。要点は,「認知症ケア」の専門性が担保され,利用者9名以内での「ユニットケア」という小規模の基本的生活様式であり,したがってその生活の延長において「看取り」が期待されているのである。

　最大の難点は夜勤担当者がひとりであり,その任務が非常に重いことである。とくに,利用者の状態が悪化し,看取りが近づくことによる身体的・精神的負担は過大にさえ思える。そうした現況において,「認知症グループホームにおける看取りに関する研究事業」（以下,「グループホームの看取り」と略記）に拠りながら,グループホームでの「看取り」の可能性を探ってみたい。

(2) グループホームにおける看取り実現に向けて

　図表 6-1, 6-2, 6-3 に示されているように,「グループホーム」における事業者・職員における看取りへの意識度は決して高いと言えない。なによりも,利用者の期待の大きさとの鋭い対照をなしているからである。看取りの将来的課題については,調査結果「グループホームの看取り」によって指摘されている。その諸点を以下に掲げ,その背景に関わることについて私見を述べてみたい。

　①看取りの場所の選択に関する国民的なコンセンサスを

図表 6-1　利用者での終末期を想定した希望の介護場所

(％)

	調査数(N)	合計	自宅で介護したい	グループホームで介護したい	病院などで介護したい	考えていない	その他	無回答
全体	935	100.0	3.4	63.9	25.5	3.4	2.7	1.2
1年未満	207	100.0	2.9	59.4	26.6	4.3	4.8	1.9
1〜2年未満	245	100.0	4.5	60.8	26.9	4.9	2.9	0.0
2〜3年未満	191	100.0	3.1	64.9	26.2	2.1	2.1	1.6
3年以上	248	100.0	1.2	73.0	21.8	2.4	1.2	0.4
無回答	44	100.0	13.6	45.5	29.5	2.3	2.3	6.8

（出所）　2005年グループホーム実態調査結果（全国認知症グループホーム協会），10頁。

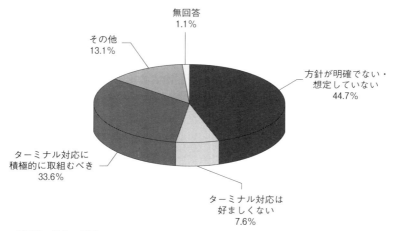

図表 6-2　グループホーム事業者の意識

- 無回答　1.1%
- その他　13.1%
- 方針が明確でない・想定していない　44.7%
- ターミナル対応は好ましくない　7.6%
- ターミナル対応に積極的に取組むべき　33.6%

（出所）　同上，13頁。

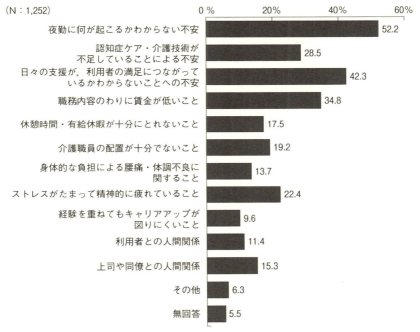

図表 6-3 職員の不安要因

(出所) 同上, 23頁。

②医療連携の充実
③連携病院によるバックアップ体制の充実
④介護職による医療的処置の緩和
⑤介護職員が理解すべき医療的知識と「死」の学び
⑥事業者間格差の是正
⑦継続可能な経営の保障を[4]

　看取りの多くが介護職員に担われることを勘案すると，とくに介護職員の職場定着が極めて重要であり，定着とケア能力の蓄積を促す職場環境の整備・強化は不可欠である。そのうえで，上記②から⑤に示されているのは，いずれも「医療」に関わる点であることが注目される。「医療」は当然重要

でありながら，その重要さは認知症ケアの延長において，その過程においてこそ活かされるべきと思われる。さらに具体的には，認知症の人の「意思の尊重」の基，看取りの「チームアプローチ」において「医療」処置が検証されるべきであろう。もうひとつ，①についてである。グループホームは生活施設であり，そこで生活する認知症の人の死は不可避である。とすれば，看取りは「国民的コンセンサス」の問題ではなく，つまり「グループホーム」での看取りは「国民」に問うまでもなく，グループホームの責務とすべきことである。

3　看取り，あるいは「死」に添うこと

(1) 人間にとっての「死」

　本章の主題は認知症の人の「看取り」である。認知症の人の「死」に添うこと，とも表現することができる。もちろん，認知症の人の「死」は，人間における普遍的な「死」という出来事のひとつである，ということは許されるであろう。とはいえ，異常ともいえる「死」の氾濫に日常的にさらされている現在，「死」を正面から主題にするわけでないのに，「死」を扱うには意を決するかのような覚悟が試されているようにも思える。もとよりここでは，そうした現代日本社会での「異常」な死に関わる課題を扱うわけではない。

　焦点は認知症の人の「死」と「看取り」に関わることである。その議論に先立ち，ここでも「看取り」に関わる，さまざまな「看取り」の現場へと視野を拡げつつ，いずれ議論すべき「看取り」のあり方に向けて準備したい。死の場を広くとるのは，人類が有史の時を刻み始めるとともに，そして今日に至るまで，「死」と「生」とをめぐる考察は人類の普遍的課題でもある，と思うからである。

　人間は死すべきものである。古代ギリシャ，そのデルポイの神殿の入口に掲げられた箴言（しんげん）は「汝自身を知れ」，ギリシャ語で「グノーティ・サウトン」という。その箴言は神から人間に向けられたものであり，その真意は，人間は永遠の存在者である神ではない，つまり人間は「死すべき者である身の程を知れ」というのである。だから，ソクラテスの『弁明』は有限な人間の「死」から「生」を照射する。

生きることでなく，よく生きることをこそ，何よりも大切にしなければならない[5]

　なにも，古いギリシャの話を持ち出さなくとも，と思われるかもしれない。先走りではあるが，後の議論である「ホスピス」では「長い生でなく，よき生を」が基調，また「死の準備教育（death education）」は「死」から生への問いかけ，なのである。約2500年前，ギリシャにおいて死をめぐって「人間」の生き方が問われていた。その同じ頃，古代中国では，死と生とに向き合いながら生の作法を説く，孔子の姿が見られる。ギリシャにおいては，ペロポネソス戦争，孔子の生きた時代は春秋戦国であった。紀元前487年息子鯉の死，翌年側近の弟子顔回の死と続く。孔子はこの弟子の死に悲しみを隠しもせず慟哭する[6]。

　　ああ，天予れを喪ぼせり，天予れを喪ぼせり（先進九）

　弟子は後，どうして礼に失するほどに泣かれたのですか，と孔子に問う。子は答える。

　　あの人のために泣き崩れなければ，いったい，誰のために泣き崩れようぞ（先進十）

　古代ギリシャと古代シナにおける先人が，戦時下での多くの「死」のなかで，死と生を問う，という思考の営みを自らに課した。そのおよそ2500年後の今日に至るまで，途方もない死と生とが循環するが如く，繰り返されている。だが，その一つひとつの死と生が，とてつもなく大切なのである。

(2) さまざまな「看取り」

　人の死に関わり，「葬儀」や「墓」のことが話題にされても，「看取り」が人の口にのることはまずないのである。「看取り」そのものよりも，医師の発行する「死亡診断書」が話題としては重要なのである。これなしには，火葬・埋葬，死亡届けなどの手続きが滞るからである。「看取り」とはなにを

するのか。

①インドのカルカッタ，ここにマザー・テレサは「死を待つ家」を設けた。1952年のことである。彼女は路上に横たわる人をその「家」に運び，体を洗い話しかけ，看取るのである。

> 貧しい人々の物質的な貧しさばかりでなく，そのみじめさを理解し，精神的な傷口を手当てしてあげねばなりません。私たちが彼らと一つに結ばれ，その悲しみを分かち合うときにのみ，彼らの生活に神をもたらし，神に癒されるのです[7]。

②2002年10月，東京・山谷，日雇い労働者の町に鉄筋4階建ての「希望の家」が建設された。「行き場のない人たちが寄り添うホスピス」である。入居者はすべて生活保護の受給者，家賃・食費・共益費の毎月14万3500円が差し引かれる。だが，それでも「希望の家」の経営はなりたたず，もっぱら寄付・後援会の会費頼りである。

> 父が生きていたら何と言うだろう。有名な上野のホームレスだなんて。でも父さん，私は今が一番気楽で何も心配はないし，回りの人達は親切だし過去を捨てて私は幸せです。今までの私のそばにいた人たちはうそがうまく何も言わない私を平気で悪者にする。それを信じる馬鹿息子。アーイヤだ。息子の唄じゃないけど，今が幸せ[8]。

③ドイツ人研究者と結婚してドイツに住む日本女性，その彼女は認知症を患う義母を自宅で，階を区別した住居で世話をしている。クリスマス・イブの日，いつもとは違う姑，この日93歳を迎える直前のことである。

> 翌日からはクリスマス休暇で，看護婦さんは来てくれないので私が介護することになっており，姑を起しにいったが，ぐったりして起きられない。(中略)主人を呼んだ。二人でいちおうオムツを交換したものの，姑の様子が普通ではなく，息も荒いので，すぐにかかり付けの医者に電話をかけて往診を依頼した。(中略)診察を終えると，主人と私は応接間に

呼ばれた。
「急性の肺塞栓症です。救急車で病院に運ぶこともできますが，ながくて1週間の命です。…」（中略）
「集中治療室で点滴と管で闘うか，このまま自然の形で家で看取るか，その選択は息子さんにまかせます」（中略）
「治る病気ならば別ですが，母の場合は，このまま家で看てやりたいと思います[9]」。

④認知症の介護施設,「宅老所よりあい」（福岡市）の事例は本書のほかの個所においても引用している。ここでは，病院・医師との関係に焦点を当てながら，看取りへの基本的な姿勢を問うてみたいのである。場面は父（92歳）の入院している病院。娘は医師に父の気管切開を迫られ，同意する。

「午前中に時間あったんか何か，本当は午後っていわれていたのに，もう終わったんよ。せんがよかった！　絶対せんがよかった！　じいちゃん，ごめんね，ごめんね」
　医者は「次の処置を早くしないとまた手遅れになります」，と言う。
　娘は「いよいよという時には，父を家で死なせてあげたい。最期を病院で迎えることは絶対考えてない。だから連れて帰りたい」，と掛け合う。
　医師と娘のやりとりは続く。「よりあい」の設立者でありソーシャルワーカーの下村恵美子は，「よりあいの部屋を空けて待ってるから」，と助け舟を出す。
　翌日，娘は医者と3時間の交渉，「管を抜いてICUのドアを出た途端に息がとまっても，あなたたちを訴えたりしません。これは約束します。何か一筆かいてもいい。約束するから，とにかくここから出してください」。
　漸く退院。夕刻，よりあいに帰還。妻の横に寝て，その両横に娘夫婦・子どもたち。深夜2時，大きな声。最期の呼吸である。娘・孫が「じいちゃーん」と呼び掛ける。
　下村は悩んだ時に支えてくれた医師に電話を入れる。「死亡診断書」

を必要としているのである。

　医師は，福市さんに触って，脈を診たあと，しばらくじっと座って，ニコッと娘さんに笑いかけ，「がんばられましたね。連れて帰ってよかったですね」と声をかける。
　すると，娘は，医師に向かってオイオイ泣きながら一気にしゃべり始めた。後に，娘はこう書いている。「もう呼吸をしていない冷たくなっていく父の体ではありましたが，それをただの亡骸としてではなく，92年生きた東野福市として敬意をもって父の最期をみてくださいました」[10]。

延命治療で入院・手術すると，退院は極めて難しいことが知れる。娘が母の住むホームに父を連れ帰り，その最期を看取りたいと願うが，その実現はソーシャルワーカーなしには不可能である。その下村は述懐する。

　主治医からは，福市さんを病院から連れ出したあと，一切連絡はありませんでした。その日は酒を飲んでいて駆けつけられなかったとのことでした。でも，自分の患者を救急車で送っておいて，一回の連絡もない。病院と一緒に脅すだけ脅しておいて，それはないのではないかと私は思いました[11]。

「死亡診断書」の発行だけのための医師ではないであろう。「看取り」における医師，あるいは医療のあり方は「死」のあり方だけでなく，当然にも「生」のあり方を決めてしまうのである。症状の変化とともに看取りの人たちには未知の行程への不安と悲しさが同居する。治療はなくとも，不安を軽減する医師の言葉と励ましさえも，ここで非常に重要に思えるのである。

(3) 看取りと医療との関係

　人間にとって，というよりも人類の文明史において医療・技術の果たしてきた役割は極めて大きい。とくに第2次大戦後，先進工業諸国における平均寿命の伸びは，その多くが医療技術の貢献，たとえば結核などの感染症治療において，また日本では母子手帳制度の導入による母子への保健・医療の充実，あるいは脳卒中における脳外科手術もかの進歩に依拠している。だが同

図表 6-4　医療機関における死亡割合の年次推移

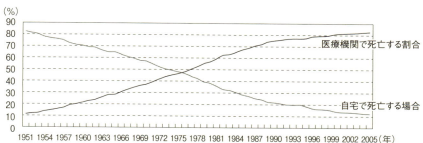

（資料）厚生労働省大臣官房統計情報部「人口動態統計」。
（出所）『厚生労働白書』平成19年版。

　時に，こうした医療・技術の進歩に併行しながら，医療・技術への生活の依存度も高まってきたのである。「進歩」は過去の実績のもとに，現在だけでなく将来へもゆるぎない期待を集める性格を持つがために，その事態は生活での医療「信仰」に近い現象を示している。
　高齢者の疾病への治療に関わりつつ，余命を延ばしつつ，医療は患者における「死」に関わる「個人の意思」を斟酌する機会を逃れつつ，「死」の境界を超えるのである。これが，意図せざる「病院死」が自然なことに見えてくる点なのであろう。

日本における病院死
　戦後の科学技術の進歩は，物づくりに投下されて物質的な豊かさを享受するだけでなく，そうした豊かな物質を提供できる，つまり革新する科学技術を支える「マインド」への強い期待と崇拝にも似た強い信頼が，高度経済成長期以降国民に浸透したのである。
　図表 6-4 は，病院死と在宅死との動向を対照的に表わしているが，1976年を境に病院死の前進が続いている。そのことは，経済成長との関連では「科学技術」の勝利と併行した現象として，鮮やかに見て取れるであろう。
　その余波は医療技術の担い手，つまり医療者を崇高化し，その編み出す「手術」「薬」への拝礼を生みだすことになる。医療技術は，その進歩の過程において，今日，人間の「死」に深く関わる時代を自ら拓いてきたのである。

第6章　「死」の看取り，その看取りへの協働　　169

とくに先端医療技術は臓器移植，生命維持装置などによって延命治療を可能にしたのであって，ここに，その対抗としての「バイオエシックス（bioethics）」という異議申し立てが登場する。その運動の局面において，アメリカ・カナダでの医療に就いてきた星野一正が道案内をしてくれる。

　　医療を受ける側の患者にどのような医療を受けたいかを決める権利があり，受けたくもない医療を受けさせられたり，何だかわからない医療を説明もなしに押し付けられるのを拒否する権利もあるという主張である。[12]

1969年にニューヨークで「ヘスティングス・センター」，1971年ワシントン特別区での「ケネディ倫理研究所」，いずれもバイオエシックス研究所としての設立である[13]。その中心に「インフォームド・コンセント（informed consent）」が置かれている。「患者は真実を知る権利をもち，医師には真実を告げる説明義務がある」という「インフォームド・コンセント」は，たとえば「告知」である。その医療倫理は，患者の身体を傷つける医師の側に患者の意思と自由とを守ることを義務づけ，患者の「生命の質（QOL）」を保障するような，患者－医師の関係を築こうとするものである。

ドイツにおける家庭医

さて，先にドイツでの「在宅死」の事例を紹介したが，その看取り期における「家庭医（Hausarzt）」の役割は極めて重大であり，ここにドイツでの医師の養成の現状について一瞥しておきたい。日本の病院中心医療とは異なり，ドイツでは家庭医が制度化されているからである。

まず，医師は開業医と病院勤務医とに分類される。開業医，つまり家庭医には，一般開業医・専門開業医・歯科開業医がある。開業医になるには，まず医師免許が必要である。

　　①大学医学部において6年間の医学教育を受けながら，第1次，第2次の国家試験に合格すること。
　　②医学教育修了後，さらに第3次の国家試験に合格すると医師免許が交付される。

③公的医療保険の保険医の認可を得るには，専門医の資格が必要である。その専門医には，大学病院などにおいて，専門医の指導の下卒後専門医研修（5-7年）の修了により認定される。

また，一般病院は 2009 年には 2084 施設であり，その内訳は州・市などの公立病院 554（31.1%），非営利の公益病院 661（36.9%），営利の私立病院 565（32.0%）であり，公立と公益が多数を占める点に特徴がある。[14)]

日本では，患者を自宅に訪問する「町医者」が病院に淘汰されてきたが，検査・入院の診療点数を高く，病院建設への借入優遇などの医療政策の帰結と思われる。今日における近在での「診療所」の不在は，「在宅ケア」の延長としての自宅での看取りを難しくしているのである。

4　日本の看取り

ここでは，日本とドイツにおける看取りの現状を事例に即しながら，少し丁寧な考察を試みてみたい。

「宅老所よりあい」，その利用者であるKさんの看取りケアの事例を紐解きながら，食べられなくなる時をめぐるケアの経緯について，検証してみたい。以下，Kさんの略歴である。

①明治 44 年，福岡県に生まれ，教員の道へ
②「白い米」の魅了，妻を亡くした名士に嫁ぐ
③毎日の農作業と婦人会長を務める
④認知症，物忘れから話ができず，人が遠のく「お隣さんがいなくなった」
⑤圧迫骨折で治療，ベッドに抑制，さらに衰弱・認知力の低下
⑥整形科病院から「よりあい」へ，Kさんの気持ちを尊重してケア。トイレでの排泄・食事摂取・歩行再開
⑦食事を摂れない・点滴の是非

ここでは，「点滴」の是非について，現場において難しい課題として取り

上げられている。当事者である「本人の意思」の確認はできない。そこで，家族の判断が医療者から求められる。ここで，その家族への支援においてソーシャルワークが重要な意義を有するのである。

さて，「点滴」の問題から少し問題性を広げ，「胃ろう」をつけることへの向き合い方について検討したい。つまり，ケアのなかでの「医療」について検証したいのである。認知症の人にとっては，また介護家族にとって，その「延命措置」の合意・不合意の判断は難しく，家族の意見の不一致など苦しい局面に迫られるからである。「胃ろう」に関わることについて，少し予備知識を必要としている。介護家族にとって，その予備知識は病院での緊急の時であり，医師からの「胃ろう」造設提案から，家族の判断までにほとんど時間的余裕がないのは，まさに悲劇的である。

「胃ろう」は1990年代の後半に，「延命措置」の医療として急速に進展し，推定40万人が装着しているという。[15] だが，その実態は日本に固有な可能性がある。ドイツでは，「胃ろう」は聞かれないし，フランスでも「減少」したようである。[16]「胃ろう」が提案されるのは，食べられなくなった時であり，したがって自然の食ではなく人工栄養が提案されるのである。認知症の人は症状の重度化が進むと，噛むこと・飲み込むことが難しくなり，その結果として「誤嚥性肺炎(ごえん)」のリスクが高まる。[17]

「嚥下(えんげ)」とは，飲み込むことであるが，その治療はない。そこで「嚥下」障害を避けるために「胃ろう」が提案されるのである。胃ろうを造設すると，胃ろうの維持のために栄養を入れる作業が発生する。これは医療行為になり，医療者の業務である。とすると，医療者を抱えていない介護施設は，こうした認知症の人を入所させることができない。

誤嚥予防の口腔ケア，あるいは食べやすい食の開発など，食べられなくなるその以前でのケアが最も重要な課題となる。つまり，食べられなくなることを生命の終焉とすべき，そうしたケアの継続性が極めて重要である。そのことにおいて，「胃ろう」問題をその一点だけで判断する危うさが認知症の人，家族，などチームアプローチに了解されうると思われる。

そこで，「噛むこと」「飲み込むこと」についての基本的認識を新たにしたい（図表6-5）。

ここでも，専門職を中心とした「口から食べるための地域活動」が望まれ

図表6-5 噛むことと飲み込むことの分類

（出所）手嶋登志子『食介護論——口から食べるしあわせ』日本医療企画, 2006年, 106頁。

る。その活動の過程において,「胃ろう」「点滴」「人工呼吸器」など延命措置に関する学びがメニュー化されるはずだからである。そして, 求められる対応は「食べれない」症状に関わる6つの段階に注目し, その問題がどの段階かの見極めが必要となるのである。

　　先行期（認識障害）：食べ物を確認する段階
　　捕食期（捕食障害）：口の中に取り込む段階
　　咀嚼期（食塊形成障害）：食べものを飲み込みやすい形にする段階
　　口腔期（食塊移送障害）：食べ物をのどに移動する段階
　　咽頭期（咽頭通過障害）：飲み込む段階（嚥下反射）
　　食道期（食道通過障害）：胃まで運ぶ段階[18]

　「口から食べる」活動が普及しても,「胃ろう」の課題は残る。[社]日本老年医学会はその「ガイドライン」を作成している。その「性格と構成」において「倫理的妥当性の確保」を掲げ, 重要なのは以下のことである, という。「倫理的妥当性は, 関係者が適切な意思決定プロセスをたどることによって確保される。加えて, 適切な意思決定を経て決定・選択されたことについては, 法的にも責を問われるべきでない。」[19]

　日本を含めて先進工業国においては,「個人の意思」の尊重は基本的な命題である。そのうえで,「個人の意思」の尊重は, この状況においては極めて,「文脈的」である。拮抗しあう関係において, つまり患者・家族・医療

者のなかで決定に向けてリードしているのは，物理的環境，過程的環境，ついで結果的環境である。

「物理的」とは，法制度などの患者の身体の外側の環境であり，「過程的」はケアという環境であり，最後に「結果的」とは「胃ろう」の造設に関する評価の情報である。認知症の人が患者の場合は，多くのケースで家族が「個人の意思」となり得る。そういう「文脈」のなかで差し迫った判断が要求されるのである。では，かの「文脈」に有効に働きかけるには，どういう情報が必要，あるいはどういう支援が必要なのであろうか。

さて，「第2よりあい」のKさんの，食べられなくなった時点に立ち返りたい。「点滴」の是非についてである。家族は「もうなにもしてくれるな。年寄りの最期が安らかであることが大事やろ」。職員会議でも取り上げられる。「点滴」はこれまでのケアのなかから問われる課題にはならないのである。

⑧ Kさんの故郷への見納めの1泊の旅行，泊は温泉旅館，スタッフともども，総勢25名での「最後の晩餐」
⑨「第2よりあい」に戻り，3日後にKさんは旅立った

ソーシャルワーカーの村瀬孝生は，Kさんの看取りを顧みつつこのような表現で自説を述べる。

「食べる」要求が身体にあるとするならば，「食べぬ」要求もまた，身体には存在する。身体の有限性を見つめる勇気を失ってはならない[21]。

村瀬は「身体の有限性」を読む，あるいは聞くことを重視する。家族を含めて，Kさんに関わる人たちが誰一人「点滴」を認めなかったのは，ケアの共同性においてKさんの身体の「有限性」を共有していた，その過程なのだから。

5　ドイツでのホスピス

　本章冒頭の「事例」において示したように，ドイツではいわゆる延命措置は受容されていないように思える。さらに，「死」に直面した際には，「個人の意思」に添うことが，換言すれば「私は（Ich）」という意思の表現こそが，人生の最期を飾る言葉であるかのように思える。そこで，「看取り」に関わるインタビューの記録を起こしながら，とくに「看取り」の環境を課題としてみたい。

(1) ドイツでの看取りケア
　インタビューに応えてくれたのは，クラウディア・ハートマン（Claudia Hartmann）女史であり，デイアコニー・デュッセルドルフでの老人局，その「尊ぶこと（AnSehen）」という職務を担当している。「看取り」に関して基本的の重要な2点についての説明である。とくに，重度の認知症の人への関わりが彼女の課題である。以下，発言要旨である[22]。

> **安心**：認知症の人との関わりは2003年の介護保険改正にあり，「認知症カフェ」を設けた。やがて，認知症の重い人と関わるようになりケアの研修の必要性が生まれた。そのプロジェクトが「安心プロジェクト」であり，在宅介護者の研修を目的として，ボランティアの人だけでなく看取りに関わる専門職の「姿勢」が不安の解消になると思っている。つまり，「安心」は関わる人との共感が重要である。
> **感覚**：重度の認知症の人とは言語による関わりは難しく，体を使った，「感覚」によるコミュニケーションが重要になる。なぜ「感覚」なのか，と言えば重度であっても「感覚」は残っていて，その「感覚」を通してコミュニケーションが可能だからである。そこで，コミュケーションにはいくつかの方法がある。ひとつはオランダ生まれの「スヌーズレン」，2つ目は「音楽」，「香り」，そして「息」のしかた，苦しそうなのか楽な様子なのか，ということを感じることである。

彼女は興味深い提案をした。認知症の人の「不安」と「安心」とのあいだに注目したスタッフのトレーニングである。参加者は仰向けに寝る，眠らないがなにもしない，その状態を続けて。15分経過して「終了」と合図して止める。参加者は「非常に長く」「宙ぶらりんで不安」と感想。その心理状態が，体験的に学ぶ認知症の人の感覚である。だから，認知症の人には，ゆっくりと近づく，静かな環境，後ろからではなく前から声をかけること，こうして「不安」を知り「安心」へと誘導するというのである。
　再び，「感覚」という点についてである。話すことが容易でない場合でのコミュニケーション，そこに「感覚」の課題がある。少し，彼女の提案を拡大する。
　「言語」は，口と耳を介して自他を交流させる。だが，その「言語」を退ける。そのうえで「耳」「目」を介して自他を関係させたい。「耳」は，認知症ケアにおいて「傾聴」として第一義的に注目される態度である。認知症の人の隣に座り，あるいは正面では姿勢を低く構え，目を合わせながら耳をそばだてるのである。認知症の人が「主体」であり，ケアする人は「客体」である。「主体」「客体」の逆転は，認知症の人の指示によってケアの方向・内容が決められる，ということにほかならない。
　では「目」を介する場合に，とくに「看取り」においてどのような姿勢が求められるのであろうか。目は身体の外に向けて「見る」という機能を果たす。その消極的な意味だけでなく，話をする時には必ず目と目を合わせることを礼儀としている。当然にも，目を合わせるとは顔を向き合わせることである。消極的な意味ではなく，積極的な意味において，「見る」とは見極める，見定めるのように，物・物事・人目で「捉える」ことにも通じていたのである。古来，西欧哲学は目という視覚を通して共通項を整理しつつ，「山」「森」「林」などの「概念」の定義に至るのである。
　少し広げ過ぎた。看取りにおける「目」の見方についてである。ここでも，死に向かう認知症の人が「主体」であり，支える私は「客体」である。認知症の人に対峙する私は，「古い文化」で見る固有な様式，つまり「馬鹿にしたり」「無視したり」，そうした人を射る「目」の構造を変える。つまり，「尊ぶ」見方への転換である。この「尊ぶ」は，視覚が認知症の人を「対象」とする目線に対抗する。つまり，「目」の介在による「対象」としての認識か

らの退却なのである。「主体」からの目線から，「客体」からの目線への「私」の転換は何を意味しているのだろか。

　他者のまなざしのもとで主体は（恥辱にさらされるのではなく）他者に対する責任を自覚する。ここでまなざしは（欲望の弁証法ではなく）他者の顔に応答するという倫理と責任をもちはじめるのだ。[23]

　もうひとつ，インタビューでの課題がある。いわゆる，「ホスピス・ボランティア」についてである。まず，「ホスピス」についてである。語源的には，「ホスピス（hospice）」は hospitale というラテン語を基にしているが，「宿泊」「治療」「ケア」の施設である。今日の用語法は，1834年にアイルランド・ダブリンにおいてメアリー・エイケンヘッドによる，ホスピスの創始となるセント・ビンセント病院であろう。そのダブリンにおいて，1879年に「死にゆく人のためのホスピス」が開かれる。世界最初の試みであった。[24]

(2) ドイツでの看取りボランティア

　ハートマンはこのインタビューにおいて注目すべき発言をしている。まず，「ホスピス」ではなく「看取り（Begleitung）」の用語を使用する。彼女は，「ホスピス」は施設，つまり「ホスピス病棟」を想起させるからだ，という。また，「ホスピス」は余命の期間が指示されるということも勘案されているであろう。

　さて，課題は看取りとボランティアの関係であり，つまり看取りにおけるボランティアの役割についてである。その要旨は以下の3点にまとめられる。

　①介護家族者へ時間的余裕を提供できる
　②家族とのコミュニケーションを確保できる
　③話すこと，感情的なコンタクトを得られる

　ボランティアは死に逝く人の「ケア」はしない，そのことが重要である。なぜなら，家族などの介護者がいれば，「看取り」は家族たちのものだからである。また，ボランティアは家族を超えて，逝く人に近づくべきでないか

第6章　「死」の看取り，その看取りへの協働　　177

らでもある。「看取り」における認知症の人とボランティアとの関係において、もうひとつ重要な点がある。それはボランティアの活動そのものがその参加者の「死の準備教育 (death education)」だ、という点である。

この点についての詳述は後に果たすことにして、ここでは「看取りボランティア養成」について検討してみたい。とくに日本において、認知症の人と「看取り」、さらにそれをめぐる「ボランティア」とその養成、そうした情報を得ないからである。

(3) ドイツのボランティア

死去に際しては教会の牧師・神父と医師・看護師などが立ち会い、医師は「死亡診断書」を発行する。その点は、日本でも同じであり明治期以降、「医師法」に定められたように、「死亡診断書」の発行は医師の職務とされる。一般的には土葬、火葬には自治体の許可を必要とする。墓は日本では明治期以降の慣習なのか「家」の墓が圧倒的であるが、ドイツでは個人墓であり自治体から25年間などの期限を決めて借用する。期限が終了すればほかの人が自治体と契約・借用する。また、ドイツには喪に服して年賀状を遠慮したり、葬儀にて現金を包む香典の習慣はない。

ヨーロッパキリスト教文化のドイツと、東アジアで儒教・仏教、あるいは神道の影響のもとで「死」を弔ってきた日本の文化との相違は大きい[25]。

その文化的相違を基本に据えたにしても、「死」は人間にとって逃れられぬ現実であり国境を超える人間の普遍的な出来事である。その意味において、つまり人間として「死」について考えない人生は衝動的・刹那的に傾くであろう。「死」という終点、だから「最期」と記すが、その「死」に向けて生を舵取ることが、良く生きることではないか。

ドイツのボランティアの概観

さて、ボランティアはその活動を特徴づける時、自発性・無報酬・公益性などが挙げられる[26]。ここではドイツの「ボランティア」について、その概観を得たい。以下、法制度の近況をまず紹介しつつ、その展望とさらに「看取りボランティア」養成についての意義について検討してみたい。

ボランティアは、英語圏では「volunteer」と表記する。それは自由意思

に基づく（voluntary）活動をする人であり，初期の用法では「志願兵（a voluntary service）」とも表現され，正規軍を補完する兵士の意味が含まれている。ただし，今日ボランティアについて語る時，その正規・行政のための「補完」という位置づけはない。ドイツでの基本的枠組みは「補完性の原則」と言われる。つまり，生活の領域での援助ではまず近隣の人，ついで民間非営利組織たとえばNPO法人が担い，さらに必要性があれば自治体，ついで州政府，さらに連邦政府と，援助を取り巻く円が拡大する。その点では，「ごみ屋敷の人」を援助するのはまず近隣の人たちであり，行政の責務ではない。つまり，人のつながりはボランタリイな活動においてであり，換言すれば，行政組織，官僚組織に依存しないことであり，他面でその権威を拡大させないことに目的がある。

ドイツのボランティア法制に戻そう。編年的に並べれば以下のようである。[27]

1957年　徴兵制施行
1964年　社会活動ボランティア年（Freiwilliges Soziales Jahre）の助成に関する法律
1993年　環境保護ボランティア年（Freiwilligs Ökologishes Jahr）の助成に関する法律
2008年　青少年ボランティア奉仕（Jugendfreiwilligesdienste）の助成に関する法律
2011年　徴兵制停止
2011年　連邦ボランティア奉仕（Bundesfreiwilligenddienste）に関する法律の施行

ドイツでは，ボランティアの定義において「無償」を必須条件とはしない。今日，ボランティア世話制度や，ここで課題としている看取りボランティアなど，高い専門性と長期の研修義務が課されているが，そうしたボランティア養成の必要性はますます高まっているのである。その過程とともに，余暇での社会貢献としてのボランティアではなく，一緒に活動する社会参加，という点に意義が見出されている。もっと簡潔に言えば，奉仕する人と奉仕される人との境界の溶解である。その特徴を以下に掲げたい。

①自由意思の参加
　②利益を目的にしない
　③公益性があること
　④公共の領域にあること
　⑤協働的な活動であること

看取りボランティアの養成
　下記に，「ボランティア養成講座のプログラム」，その一部を掲げる。この「プログラム」は認知症の人への「ホスピス・ボランティア養成」であることに，注目されたい。
　この「養成プログラム」は，ディアコニーのデュッセルドルフ本部で作成され，2014年4月からの事業開始である。養成の公募に応じた人は24名，そのうち12名が参加を許可された。一般的には受講は有料であるが，ディアコニーは無料である。「養成プログラム」は，全行程で12のテーマがあり，1テーマの授業時間は3時間を基本単位として組み立てられている。さらに，全体を3つに分けその時点で「振り返り」実習を準備している。
　「養成プログラム」の全体を示すには制約があり，ここでは，**図表6-6**においてほんの一端を掲示するにすぎない。この「養成プログラム」は実に内容豊かにして，メニューが豊富である。かいつまんで，その2つの要点を記しておきたい。真にボランティアの養成にこれほどの時間とコストをかけるのか，と驚嘆するのである。
　さて，ラオホさんは，「養成プログラム」全体工程においてとくに「最初の5つのテーマ」が重要と言う。その示唆することが極めて興味深い。少し解説を試みたい。彼女は別の表現で，「自分自身を知ることが大切」，と言っている。認知症の人の看取りなのだが，認知症の人を知るのではなく，ボランティア自分自身を「知る」ことだと言う。この表現は理解するのは非常に難しい。「看取り」の経験のなかから得た提言と思われる。少し解釈を加えたい。
　受講者には「看取り」の経験者と経験のない人がいる。認知症の人の「看取り」に役立ちたい，それが受講の意思であり，思いである。一方で死に赴く認

図表 3-6　在宅ホスピス職務でのボランティア看取り人への研修
（ディアコニー介護ホーム）

基礎研修				
会場	期日	テーマ	報告者	時間
エリザベート ハウス, フリンゲルン	土曜日 2/22	導入部：組織的に知ること，自己覚知 「死」と社会における死 介護ホームでの在宅ホスピス職務のある場合，ない場合での機構	ラリック医師 L. ラウッヒ A. ホーンヴルト	9：30-14：00
エリザベート ハウス	火曜日 3/11	参加者の自己覚知：コミュニケーション (1) （コミュニケーションの基本原則：見る，聴く，理解，能動的な聴き）	L. ラウッヒ	18：00-21：00
エリザベート ハウス, フリンゲルン	金曜日 3/21 土曜日 3/22	経験：人間的な死，「死」，悲しみ，別れを告げること（自己経験）	L. ラウッヒ M. クネーベル	16：30-20：30 10：00-17：00
エリザベート ハウス	火曜日 4/1	認知：コミュニケーション (2)	L. ラウッヒ	18：00-21：00
エリザベート ハウス	金曜日 4/11 土曜日 4/12	自分の人生行路のタイプ	H. ブレート L. ラウッヒ	17：00-20：00 10：00-13：00

（出所）　ディアコニー　デュッセルドルフ介護ホームにおける在宅ホスピス職務，2014 年 3 月。

知症の人があり，他方で看取りに意欲を持つボランティアがいる。ここに，認知症の人の「意思」がどう活かされるのか，という問いが生ずる。つまり，ボランティアの人に問う，「あなた自身，つまり自己を知る」ことが大切ですと。

　具体的には，「養成プログラム」では，「参加者の自己覚知」（第 2 テーマ）が，「コミュニケーション」の一部に組み入れられている。それ以降，「経験」「知覚」「人生」など，自己と他者との関連についての「テーマ」が連続するのである。参考までに，「自己覚知」に関する情報の一端を掲げたい。

　　自己覚知（Kennenlernen）：自己は，認知症の人とは異なる価値を有する，ということが経験として理解されることである。その過程において，他者を介して自己の価値観を知り得るのである。さらに，他者の

第 6 章　「死」の看取り，その看取りへの協働

価値観を経由し自己の価値を知ることで，他者の価値観に添うことができるのである。

「ホスピス」はドイツにおいて，今日では連邦全土に普及し医療保険の支援も得られる。だが，その利用者のほとんどはガンの末期患者である。認知症の人への「ホスピス」はドイツにおいても，なお未知の世界にある。この「養成プログラム」は「認知症の人」へのホスピス，その先駆的な試みであることにおいて，画期的な意義があると思われる。その第 8 テーマとして「認知症のある人の生活」が置かれている。

なお，看取りにおける医者の参加は不可欠であり，その診断は看取りグループを励ますことにもなる。ドイツの「家庭医」は，老人介護ホームにあっても訪問診療を行ない，ホームそれ自身が法律上賃貸ルームとしての「在宅」なのである。したがって，冒頭に表記された「在宅」ホスピスは，当然にも老人介護ホームを対象として含むのである。

スヌーズレン（Snoezelen）：オランダ生まれの認知症ケアのひとつである。認知症の人がぼんやりとした感覚にまどろむことに対して，その感覚を刺激する方法として，光・音・水などの素材を組み合わせ，そうした特別の部屋を設備するのである。

バリデーション（Validation）：より正確には，バリデーション・セラピーと言うべきであろう。1960 年代初頭にナオミ・フェイルがバリデーション・セラピーという認知症の人への心理学的アプローチを開発した。認知症の人その人への内面的，つまり気持ちや感情に向けたケアへの誘いは，その人の肯定への足掛かりとなり，大きな意義が認められるのである。

6　ホスピス・ボランティアと「リビング・ウィル」

ドイツは，2009 年「リビング・ウィル法」を成立させた。延命治療等を

拒否するいわゆる「事前指示書」に法的拘束力を与えたのである。その前例は，すでに1976年アメリカ・カリフォルニア州において「リビング・ウィル法」が施行されている。法律をもってして個人の意思を尊重しなければならない，そうした強い立法の意思の背景には「患者の権利」を尊重すべき，という社会運動が展開されているのである。とくに，わが国では，「患者の権利」という用語すら一般的ではない。星野一正はアメリカ・カナダで医師として，また臨床の現場の経験を通じて，医療をめぐる医師と患者との関係に関して発言を続けている。

　　わが国では，家族による意思決定あるいは家族の忖度による意思決定が重要であって，患者本人の希望や意思決定を絶対視して尊重する傾向は少ないという特徴がある。[29]

　1981年には，世界医師会第35回総会において，「患者の権利に関するリスボン宣言」（インフォームド・コンセント）が採択された。日本では1978年を境に「病院死」が「在宅死」を超え，以後今日に至るまで，「病院死」が80％を超え続けているのである。内発的には，国内において「病院死」と「在宅死」との対比や，圧倒的な「病院死」の多さへの内省的研究は芽生えず，世界的潮流の意義を飲み込めずにいるのである。
　私たちは，ある事柄について経験することよって理解が深まり，また新しい経験への意欲が駆り立てられる。でも「死」には経験を踏むことが許されない。逝く人にとっては，「死」は「生」の延長にあるのではなく，「生」から離れた「死」はなにかに運ばれてゆくものであろう。
　加えて，死に逝く人の「意思」を尊重すべきという送る人びとの理念を掲げる，ディアコニーにおけるソーシャルワーカーのラオフが語るのである。ここに，課題とすべきテーマは死に逝く人，もちろん認知症の人を含みつつ，「個人」の意思の引き出し方，およびその「意思」の実現のあり方についてである。
　人間らしく死を迎えるには，他者が必要である。ボランティアは逝く人の友として，孤立を救う役目があるとともに，自分の「生」を確かめ，いずれ来る「死」を迎える構えを学ぶことになる。それは，いわゆる「デス・エデュ

ケーション」である。ボランティアの人は,「死」における本人の不在と,他者の存在の必要を学ぶのである。2つの知見を得たい。

> 患者はボランティアの働きによって,直接,間接に支えられています。ボランティアは患者の世話をすることの中で,他の人に必要とされ,役立っている喜びを味わい,生の意味を深く知り,彼ら自身の生が豊かになるのを感じるのです。[30]

> 時には,看護師やヘルパー,医師が,従来コミュニティ成員が果たしてきた役割を果たさざるを得ない場合もあります。しかし,医師をはじめ医療専門職は,うちとけて話す相手になりにくいことも多々あります。その場合に,ボランティアが潤滑油としての役割を果たすことができるのではないかと考えています。[31]

看取る人は,やがて看取られる人になる。人類という歴史が続くとすれば,そのバトンはこうして永続的につなげられるはずである。これまでは,「血縁」という家族(イエ)が人と人のあいだを動かしてきた。いま,ホスピス・ボランティア,あるいは看取りボランティアに期待がかかる。ホスピス(看取り)は個別に,親族でも,医療関係者でもないものが,死に逝く人の傍に居ることはできない。ホスピス(看取り)・ボランティアの意義の多くがこの点にある。

> (ローマでは),「生きる」ということと「人びとの間にある」ということ,あるいは「死ぬ」ということと「人びとの間にあることを止める」ということは同義語として用いられた[32]

死を看取ることにおいて,「チームアプローチ」としてボランティアを要請するのは,24時間見守りの一員としての意味がないわけではないが,より重要なことは看取り(ホスピス)ボランティアの形成と継続の過程において,そこに「死」を支える新たなネットワークが形成されるからである。
　その今日的重要性,あるいは未来に向けた肯定的意義,それは「死」を「生」

へと転換しうる自主的・自律的活動への萌芽だからである。少し具体的に言えば，「死」に向き合いつつその「自己決定」を支える「チームアプローチ」が，まさに「自己」の意思を促す，かのネットワークとなるのである。

1) 社団法人 認知症の人と家族の会『死なないで！ 殺さないで！ 生きよう！――いま，介護でいちばんつらいあなたへ』クリエイツかもがわ，2009年，59－60，78－79頁。
2) 星野一正「日本における終末期医療の現状」(『予防時報』219，2004年) 13－14頁。
3) 特定非営利活動法人全国認知症グループホーム協会「認知症グループホームにおける看取りに関する研究事業　調査研究報告書」2007年3月，9頁。
4) 同上，27－30頁。
5) 藤沢令夫『プラトンの哲学』岩波書店，1998年，52頁。傍点は筆者による。
6) 狩野直禎『孔子』学陽書房，1998年，77－78頁。
7) 神渡良平『マザー・テレサへの旅』サンマーク出版，2001年，270頁。
8) 中村智志『大いなる看取り――山谷のホスピスで生きる人びと』新潮社，2010年，123頁。
9) グレーフェ彧子『ドイツの姑を介護して』中央公論社，1999年，358－359頁。
10) 下村恵美子『生と死をつなぐケア』雲母書房，2011年，92－107頁。
11) 同上。
12) 星野一正『医療の倫理』岩波書店，1991年，73頁。
13) 同上，74頁。
14) 「各国にみる社会保障施策の概要と最近の動向（ドイツ）」厚生労働省『世界の厚生労働』TKC出版，2009年，149頁。
15) 『朝日新聞』2011年12月5日付。
16) 高橋泰「決定的理由がないのに劇的に減少したフランスの胃ろう」(『日本生活支援工学会誌』Vol. 12 No. 1, 2012年) 参照。
17) 平野浩彦「認知症の人の円滑な食支援・口腔のケアを行うために」(『日本認知症ケア学会誌』第12巻第4号，2014年) 参照。
18) 手嶋登志子『食介護論――口から食べるしあわせ』日本医療企画，2006年，102頁。
19) ［社］日本老年医学会「ガイドライン」2014年，4頁。
20) 村瀬孝生『看取りケアの作法』雲母書房，2011年，47－62頁。
21) 同上，57頁。
22) Claudia Hartman, 2013年8月28日，デュッセルドルフ大学にてインタビュー。
23) 中山元『思考の用語辞典』筑摩書房，2007年，469頁。

24) 二ノ坂保喜監修『在宅ホスピスのススメ』木星舎，2005年，2-14頁を参照されたい。
25) たとえば，小塩節『ドイツのことばと文化事典』講談社，1997年，204-209頁，岡村東洋光・髙田実・金澤周作編著『英国ボランタリズムの起源』ミネルヴァ書房，2012年，1-17頁を参照されたい。
26) ボランティアの定義については，仲村・一番ケ瀬・右田監修『エンサイクロペディア　社会福祉学』中央法規出版，2007年，596-599頁を参照。なお，本章で紹介するように，「無償」は「ボランティア」の基本条件ではない。
27) 渡辺富久子「ドイツにおけるボランティアを助成するための法律」(『外国の立法』253，2012年9月)（http：//www.bundes-freiwilligenddienst）
28) ソーシャルワーカー，ラオフへのインタビュー，ディアコニーにて，2014年。
29) 星野一正「バイオエシックスから見た患者の死の迎え方」A. デーケン『新しい死の文化をめざして』飯塚眞之訳，春秋社，1995年，69頁。
30) 柏木哲夫『生と死を支える』朝日新聞社，1987年，206頁。
31) 二ノ坂保喜監修，前掲書，41頁。
32) ハンナ・アレント『人間の条件』志水速雄訳，筑摩書房，1994年，8頁。

むすびに

　1977年の西ドイツ、フライブルク大学で初めて演習に参加し、あるいは大学講堂で超満員の聴衆に混じってフランクフルト学派で著名なJ.ハーバーマスの講演にも耳を傾けた。だが、まったく聞き取れない。隣のドイツ人学生に終わって尋ねた。彼は「ハーバーマスのドイツ語が悪い」と一言。なるほどと不思議な納得。だが、極めて衝撃的な事態に立ち会う。ある日の市街、路上を埋めた学生・教員のデモンストレーションに関してなのである。「奨学金改悪反対」のスローガン、とチラシの配布。説明によれば、学生への奨学金の金額が引き下げられるからだという。

　そこで、ドイツ人の友人に質問。回答はこうである。ドイツでは入学金はもとより、授業料も無料である。学生は奨学金とアルバイトで生活費を工面すればいい。ガソリンスタンドでもタクシー運転手の「アルバイト」も可能だという。親からの仕送りを得ているのは、学生全体の「1割かな」、というからレアケースという意味である。奨学金の改悪への反対理由は、親への学生の金銭的依存を高める、というわけである。金を出せば、口も出す、その依存関係からの脱却、依存関係を問い返す必要のない日本では、こうした社会的プロテストは極めて難しい。

　本書では、認知症の人の視線、あるいは言動、そこから得られる情景をもとに、生活に関わるさまざまな議論を組み立てたつもりである。成年後見制度や看取りの課題では、「自己決定」や「個人の意思」を中心テーマとして取り上げている。先の「奨学金問題」でのドイツでの経験は、何度も思い起こされたのである。「自己」が親子の依存関係から独立しようとする時、そこにその飛翔する「自己」を支える共通世界がある。そうした考察は、恩師・故平田清明先生の「市民社会論」の研究を理解しようとする私の旅であったことも、先生の面影とともに胸に去来した。

　再びドイツを訪ねたのは1996年、日本で介護保険制度の導入を急ぐ状況の時であった。

以来,およそ20年,断続的ながら長期にわたって介護保険関連の機関・サービス事業所などでの調査,および認知症の人に関するインタビュー調査などを継続してきた。現地調査にあたっては,下記のようにさまざまな研究助成を受けることができた。そうした助成なしには現地調査は不可能であり,本書はその研究成果の一部である。

　　1996年度（7〜10月）：福岡県立大学国外研修制度の助成による
　　1997年度（7〜9月）：公立看護大学等経常費等補助金の助成による
　　1998年度（7〜9月）：国際交流基金の助成による
　　2001年度（7〜10月）2002年度（7〜10月）：日本学術振興会の助成による
　　2004年度（8月）：［財］ファイザーヘルスリサーチ振興財団の助成による
　　2009年度（4月）〜2011年度（3月）：文科省海外学術調査の研究助成
　　2013年度（4月）〜2014年度（3月）：「日独二国間共同研究事業」（日本学術振興会）の助成による

　近年は,デュッセルドルフ大学島田信吾教授の現代日本学研究での大学院生との研究,および私の所属する熊本学園大学大学院社会福祉学研究科の大学院生との共同研究も行なってきた。さらに民間非営利福祉団体ディアコニーのソーシャルワーカーであるヴィーンス夫妻,また福岡市に置かれている「宅老所よりあい」のソーシャルワーカー,下村恵美子・村瀬孝生両氏には本研究プロジェクトメンバーとしてご協力をいただき,共同研究の舞台や貴重な資料を提供いただいたこと,誠にありがたくあらためて感謝の意を申し上げたい。
　本書の原稿は1年半前には入稿の予定でありながら遅延し,私が2014年の半年ほど入退院を繰り返したこともあり,ナカニシヤ出版の石崎雄高氏にはこの間ご辛抱いただき,また本書の上梓にあたりスタッフの皆様に万全の配備をいただきましたこと,末尾ながら,ここに御礼を申し上げます。

　　2015年盛夏　熊本にて

人名索引

ア 行

有吉佐和子　95
アルツハイマー，アロイス（Alois Alzheimer）
　　68
伊藤周平　109, 128
エイケンヘッド，メアリー（Mary Eikenhead）
　　177
沖藤典子　110, 127, 128
越智須美子　61, 91

カ 行

樫田五郎　9
柄澤昭英　76
キットウッド，トム（Tom Kitwood）　116,
　　123, 127, 128
クリスト夫妻　119, 120, 129
呉秀三　9
黒田洋一郎　67, 91
孔子　165

サ 行

坂井洲二　44
櫻井宏充　66
始皇帝　40
下村恵美子　90, 167, 168, 185, 188
シュタイン夫人（Inge Stein）　145
ソクラテス（Sokrates）　164

タ 行

高見国生　i, ii
武田和典　99
デカルト（René Descartes）　18
データー，アウグステ（Auguste Deter）
　　68

ナ 行

テンニース（Ferdinand Tönnies）　84
外山義　16, 30, 99, 100, 127

西村哲夫　72, 73, 91
二宮周平　43, 58
丹羽文雄　47, 59

ハ 行

ハートマン，クラウディア（Claudia
　　Hartmann）　175, 177
早川和夫　100, 127
ピオ11世（Pius PP. XI）　87
平沼騏一郎　47
広渡清吾　154, 156, 157
ブライデン，クリスティーン（Christine
　　Bryden）　62, 91
ヘフト（Barbara Höft）　24
星野一正　170, 183, 185, 186
穂積八束　48
ホーン（John. L. Horn）　78, 79

マ・ラ 行

マザー・テレサ（Mother Teresa）　166
増田雅暢　41, 58, 128
松永美根子　22
松本勝明　41, 42, 58
宮永和夫　64, 91
村瀬孝生　174, 185, 188
モーズレイ，ヘンリー（Henry Maudsley）
　　30
本澤巳代子　143, 144, 156
レルフ，エドワード（Edward Relph）　6,
　　30

事項索引

ア　行

愛（Love）　121, 122
アイデンティティ（同一性）　29, 52
空き家　6, 27
アルツハイマー　ii, 11, 61, 64, 67, 68, 116
　——協会　24, 25, 68, 78, 80, 88
　——病　33, 62, 66, 67, 68, 77, 78, 91
　——病協会　i, iv
移住　3-5, 8, 26, 27, 29, 30, 36, 37
医療法　10, 35
医療保険　171, 182
胃ろう　172, 173, 185
インフォームドコンセント（Informed consent）　170, 183
営利　20, 24, 44, 66, 171
NPO法人　113, 155, 179
MDK（医療保険メディカルサービス）　105, 119, 129
嚥下　172, 173
延命治療　168, 170, 183
延命措置　172, 173, 175
老い　18, 36, 40, 58, 60, 75, 120, 127, 161
オレンジリング　22, 23

カ　行

介護改革　34, 97, 101, 108, 127
介護給付　18, 44, 101-108, 142
介護計画（ケアプラン）　104, 142, 143
介護契約　142, 143
介護現場　ii, 99, 110, 132, 143
介護サービス　112, 114, 125
介護支援専門員（ケアマネージャー）　96, 101, 106, 107, 143, 144, 159
介護時間　48, 105, 110
介護施設　iv, 32, 72, 99, 110, 126, 159, 167, 172
介護職　54, 55, 163
介護スタッフ　55, 113
介護報酬　14, 99, 104, 110
介護保険改革　127

介護保険事業計画　98, 105
介護保険法　15, 16, 97-101, 109, 125, 131, 133, 137, 139, 143, 161
介護保険料　90, 104-106
介護予防　97, 101
介護老人福祉施設　14, 17, 47, 98
介護老人保健施設　4, 14
家族介護者　40-43, 55, 58, 102, 103, 108, 117, 158-160
家族ケア　41, 42, 44, 45
家族手当　58
家庭医　26, 170, 182
家庭裁判所　42, 131-135, 142, 145, 152
カトリック教系　28
カフェ　25, 26, 146, 147, 175
カリタス　25, 28, 29
感覚　ii, 4, 6, 33, 52, 94, 121, 123, 175, 176, 182
看護師　12, 13, 117, 148, 178, 184
患者　10, 13, 62-65, 67, 68, 74, 75, 80, 83, 91, 102, 110, 117-119, 123, 151, 168-171, 173, 174, 182-184, 186
　——の権利　183
官僚機構　88
記憶障害　32, 62, 63, 68, 96
機能訓練　99, 107
基本法（ドイツ）　20, 153, 156
給付請求権　104, 142
QOL（生活の質）　57, 170
共時性　52
共時態　53
共通世界　126, 127, 187
共同住宅　29
居住者　19-21, 29, 119, 147
禁治産宣告　132, 134, 135
グループホーム　iii, 14, 16, 17, 70, 96-99, 126, 159-162, 164, 185
ケアの世界　125-127
ケアワーカー　115
契約　15, 19, 20, 30, 44, 45, 50, 53, 114, 121, 131, 133, 135, 138, 140, 142-147, 178

——締結　19
ゲゼルシャフト　84
結晶性知能　78
ゲマインシャフト　84
現金給付　41, 44, 102, 107, 108, 146
源氏物語　94
現物給付　41, 102, 104, 105, 108, 146
権利能力　133, 134, 143, 145, 149, 151, 153
権利擁護　20, 101
行為能力　133, 151, 153
　　——剝奪　135
公益的6福祉団体　147
厚生労働省　iii, iv, 13, 14, 30, 34, 37, 51, 60, 66, 93, 99, 113, 143, 144, 169, 185
行動障害　32, 33, 117
告知　ii, 8, 11, 12, 36, 61-67, 69, 77, 90, 151, 170
個人の意思　iii, 7, 27, 56, 147, 148, 150, 154, 155, 169, 173-175, 183, 187
コミュニケーション　109, 175-177, 181

サ 行

在宅死　169, 170, 183
(認知症)サポーター　22, 23
シェアハウス　28
自己覚知　181
自己管理　91, 109
自己決定　56, 79, 85, 137-139, 153, 185, 187
自己責任　20, 81, 84
自己の主導性　86
私的自治　20
死の準備教育　165, 178
死亡診断書　26, 165, 167, 168, 178
市民セクター　114
社会教育学　149
社会的支援　ii, 4, 12, 24, 41, 54, 56, 59-61, 66, 68, 69, 80, 86, 99, 102, 115, 127, 133, 142, 159
社会的ワーク　149
社会福祉協議会　21, 141, 152, 156
社会福祉士　90, 101, 141, 152
社会福祉施設　100
社会福祉法　15, 131, 133
社会扶助　114, 115
社会法典　20
社会保険方式　97
若年性認知症　60, 61, 66, 69, 70, 71, 79, 89, 91
若年認知症家族会　73
終末期医療　160, 185
就労　61, 70, 83, 89, 92
就労支援　89
主任ケアマネージャー　101
醇風美俗　46, 47
小規模多機能型居宅介護　16, 17, 98, 113
人格　20, 114, 124, 125, 150, 153, 154
人工呼吸器　173
身上監護　138, 139, 147, 152, 156
身上配慮　138
親族扶養　43, 47, 48, 53, 56, 144, 145
親族扶養の義務　48
スティグマ　134
スヌーズレン　182
西欧的　52, 53
西欧像　95
西欧文化　124, 154
生活保護　87, 114, 115, 166
精神科医師　8, 24
精神科医療　ii, 9, 10
精神科病院　iii, 7, 8, 10, 11
精神科病棟　8, 12
精神障害　9, 10, 12, 13, 60, 70, 91, 131, 135, 151
精神病院　iii, 8-11, 29, 56, 68, 151
　　——法　9
成年後見制度　iii, 15, 96, 130-140, 142, 144, 145, 148, 152, 156, 187
成年後見人　131, 134, 135, 138-142, 144, 150
成年後見法　133, 136, 139, 143, 156
生命倫理　5
セルフヘルプ　56, 69, 78, 80-82, 91
　　——会　61
　　——・グループ　78, 81-86, 89, 90
世話官庁　149, 151, 152
世話協会　149, 152
世話裁判所　146, 147, 149, 151, 152
世話制度　131, 133, 135, 136, 145, 148, 149, 151, 152, 179
世話手当(世話給付)　25, 102, 103
世話法　25, 135, 146, 149-154, 156
選挙権　21, 130, 131
センター方式　118, 128
相互行為　116, 124, 125

相談　　*i*, 12, 26, 48, 49, 59, 66, 68, 70, 71, 80, 81, 90, 96, 97, 101, 103, 115, 148
ソーシャルワーカー　　24-26, 29, 90, 91, 106, 113, 115, 120, 146-148, 152, 156, 167, 168, 174, 183, 186, 188
ソーシャルワーク　　30, 53, 58, 70, 88, 90, 101, 115, 125, 145, 172
措置　　*iii*, 15, 95, 131, 133

タ 行

ターミナルケア　　160
地域支援事業　　98
地域包括支援センター　　16, 22, 72, 96-98, 100, 101, 127
地域密着型サービス　　16, 98, 113
知的障害　　130, 131, 135, 151
痴呆　　9, 10, 30, 50, 62, 67, 93-95, 117, 118, 127, 128
──症　　10, 62, 67, 93, 95
チームアプローチ　　26, 164, 172, 184, 185
通時性　　52
通時態　　53
ディアコニー　　*iv*, 25, 146-148, 180, 181, 183, 186, 188
デイサービス　　11, 16-18, 61, 70, 72, 89, 90, 113, 122, 159
定住　　3, 26
癲狂　　9, 94
──院　　93
点滴　　167, 171-174
当事者活動　　*i*, 56, 73, 84
当事者主義　　84
尊ぶこと(AnSehen)　　175
特定非営利活動促進法(NPO法)　　113
特別養護老人ホーム　　11, 14-17, 37, 47, 95, 99, 100

ナ 行

人間の尊厳　　54, 55, 153, 154
認知症カフェ　　146, 175
認知症高齢者　　14, 16, 34, 51, 60, 61, 89, 118
認知症対応型共同生活介護(グループホーム)　　16, 97, 98
認知症ネット　　23-26, 146
認知症の人と家族の会　　*i*, 12, 31, 39, 49, 53, 59, 73, 82, 110, 128, 158

認知症の若い人　　60, 61, 68, 72-75, 86, 88, 89
寝たきり　　17, 63, 68, 77, 160
ネットワーク　　21, 22, 24, 27, 53, 66, 70, 72, 185
脳血管障害　　33, 67, 68
ノーマライゼーション　　137

ハ 行

バイオエシックス(Bioethics)　　170, 186
徘徊　　4, 5, 11, 23, 32, 62, 93, 107, 117, 158
パーソン　　62
パーソンフッド　　118, 122
パーソンセンタードケア　　119, 120, 122-125, 128, 129
バリデーション　　182
判断能力　　131, 134, 135, 142-144, 147, 151, 153
非営利　　20, 28, 82, 91, 113-115, 171, 185, 188
──組織　　44, 113, 115, 179
被選挙権　　21, 130
BPSD(認知症の行動と心理症状)　　117, 128
病院死　　169, 183
福祉元年　　36
福祉国家　　36
福祉先進国　　41
福祉度　　36
扶養　　40-43, 94, 145
──義務者　　43
プレーゲ(Pflege)　　34
プロテスタント系　　*iv*, 44
法人格　　114
法制審議会　　136, 137
法定後見法　　136, 137
補完性(Subsidiarität)　　44, 87, 88
──の原則　　44, 86, 87, 114, 179
保健師　　4, 101
保護　　6, 20, 93, 100, 135-139, 143, 147, 148, 150, 154
──主義(パターナリズム)　　145
保佐人　　140, 142, 144
補助人　　140, 142, 144
ホスピス　　119, 165, 166, 175, 177, 181, 182, 184, 186
──病棟　　177

──・ボランティア　177, 180, 182, 184
ホーム協議会　20
ホーム協働規則　20
ホーム法　18-20
ボランティア　25, 29, 44, 58, 90, 113-115, 146, 155, 175, 177-181, 184-186
　──世話制度　179
　──世話人　145-147, 152
　──法制　179
　──看取り人　181
本人の意思　128, 172

マ　行

未成年　1, 38, 133
未成年後見人　133
看取り　iii, 5, 17, 26, 27, 58, 160, 161, 163-165, 167, 168, 170, 171, 174-178, 180, 182, 184, 185, 187
　──ボランティア　177-180, 184
民法典　20, 131, 149, 151-153
明治の民法　136
耄碌　94
もの忘れ　ii, 36, 63, 91

ヤ　行

ユニット　16, 28, 99, 100
　──ケア　16, 97, 99, 100, 127, 161
要介護　12, 24, 42, 98, 105, 107, 108, 110
　──者　24, 37, 41, 78, 101, 106, 108, 144
　──状態　103, 106, 108, 110, 125
　──度　14, 98, 110, 119
　──認定　103, 105-107, 109-111, 142, 143

ラ　行

リハビリテーション　14, 89
リビング・ウィル法　183
流動性知能　78, 79
倫理委員会　148
レビー小体(病)　66, 67, 116
老後　44, 69, 97
老人介護士　113, 120
　──資格保有者　120
老人福祉法　15, 47, 100
老年精神学　26
老衰　93, 94

事項索引　193

■著者略歴
豊田謙二（とよた・けんじ）
1980年　名古屋大学大学院経済学研究科博士課程単位取得退学。（専攻／社会福祉学・地域計画）
現　在　熊本学園大学社会福祉学部教授・博士。NPO福祉用具ネット理事長，NPO法人ふくおか自然環境保護協会理事長。
著　書　『一人ひとりの社会福祉』(ナカニシヤ出版，2014年)，『九州・沖縄　食文化の十字路』(築地書館，2009年)，『質を保障する時代の公共性』(ナカニシヤ出版，2004年)，『ウェルビーイングからの生活環境づくり』〔編〕(ナカニシヤ出版，2010年)，『「宅老所よりあい」解体新書』〔共著〕(雲母書房，2009年)，他多数。

認知症の人と創るケアの世界
――日本とドイツの試み――

2015年11月16日　初版第1刷発行

著　者　豊田謙二
発行者　中西健夫

発行所　株式会社　ナカニシヤ出版
〒606-8161　京都市左京区一乗寺木ノ本町15
TEL (075) 723-0111
FAX (075) 723-0095
http：//www.nakanishiya.co.jp/

© Kenji TOYOTA 2015　装幀／白沢 正　印刷・製本／亜細亜印刷
＊乱丁本・落丁本はお取り替え致します。
ISBN978-4-7795-0988-9　Printed in japan

◆本書のコピー，スキャン，デジタル化等の無断複製は著作権法上での例外を除き禁じられています。本書を代行業者等の第三者に依頼してスキャンやデジタル化することはたとえ個人や家庭内での利用であっても著作権法上認められておりません。

一人ひとりの社会福祉

豊田謙二 著

「一人暮らしとは社会的に生活することである」という認識のもと、青年から子どもや高齢者、そして精神・身体の障害者まで、住民一人ひとりの「自立」を可能にする、ソーシャルワークを備えた共生の社会のあり方を問う。

二二〇〇円+税

ウェルビーイングからの生活環境づくり

豊田謙二 編著

老人や障害者を始めとする人びとの、自立支援を目指す挑戦と成果の最新報告。画期的な福祉用具の開発から、住宅のバリアフリー化の実例、さらには研究組織の設立まで、よりよい住環境整備に向けた多様な取り組みの実態を紹介する。

二二〇〇円+税

生活の思想と福祉社会

柴田周二 著

生活学・家政学・民俗学そして二宮尊徳の報徳仕法など多角的視点から生活文化を捉える。人びとの日常生活における意識のあり方を考察する生活研究を媒介に、日本の生活文化に根ざした福祉社会の可能性を探究する一冊。

三四〇〇円+税

ケアの始まる場所
──哲学・倫理学・社会学・教育学からの11章──

金井淑子・竹内聖一 編

「ケアの手前にあるもの」への視線から、臨床的ケアロジーのフロンティアを拓く。既存の学野を横断するケア学の構築に向けた、気鋭の研究者達による、現場性・臨床性・当事者性を追求した実践的ケア研究の成果。

二三〇〇円+税

表示は二〇一五年十一月現在の価格です。